森田 実
Morita Minoru
斎藤貴男
Saito Takao

誰も語らなかった
首都腐敗史

東京のデタラメは日本の諸悪の根源

SEIKO SHOBO

◈まえがき　斎藤貴男

成甲書房の小笠原豊樹さんから本書の企画を持ち込まれたのは、昨年10月のことである。二つ返事でOKした。

理由は大きく三つ。第一に、対談の相手が森田実さんだから。政治家やその関係の人々は苦手な私だが、森田さんだけは別だ。

もともとは30年も昔、私が週刊誌の記者だった頃に一度お目にかかっただけのご縁だった。なのに数年前、ブログで拙著の紹介とともに、当時の私の取材姿勢を評価してくださっていた。日頃の発言そのままの人間味と、電通に睨まれ、活動の場を狭められようと節を曲げない、ジャーナリスト魂に溢れた方である。久々にじっくりお話しできるだけで嬉しかった。

もちろんテーマにも惹かれた。小池百合子知事の登場以来、東京都のとてつもない腐敗ぶりが、次々に明るみに出てきている。ジャーナリストだからというだけでなく、東京都民の一人としても、絶対に許せないと感じていた。

焦点になっているのは、しかも、2020年東京オリンピックの費用の問題と、豊洲の新市場の問題である。前者はその前段階だった2016年招致のデタラメをずいぶん書いたし、後者についていては、いずれ真剣に取り組まなければと考えていた。もっとも私の関心は、ことあろうに生魚の市場を毒まみれの工場跡地に移転させる目的は何ぞや、という常識的なレベルで、都民に約束した毒素対策をしないで済ませる腹だった、などという恥知らずまでは、予想もしていなかったが。

五輪も豊洲も、テレビのワイドショーを中心に、連日連夜、繰り返し報じられてはいる。ただし、それらはどこまでも小池知事vs.森喜朗・東京オリンピック・パラリンピック競技大会組織委員会とか、小池知事vs.東京都官僚といった、近い将来の女性総理を狙う政治家のパフォーマンスに丸乗りしただけの、早い話が〝小池劇場〟でしかありはしない。

私にしたところで、どのみち緊急出版では本格的な取材を重ねる余裕はない。それでも、一連の問題を通して、この腐り切った日本の首都の本質を論じてみたかった。

腐敗の根はあまりに深い。そして、その根の毒をほぼ致死量に増殖させたのは、石原慎太郎・元知事だ。1999年4月の初当選から2012年10月に任期途中で辞職するまでの合計13年と6ヶ月の間に、東京都はとことん堕落した。

後付けで言うのではない。私は拙著『空疎な小皇帝――「石原慎太郎」という問題』（岩波書店、2003。現在は『東京を弄んだ男――「空疎な小皇帝」石原慎太郎』と改題して講談社文庫に所収）の発表以前から書き、語ってきた。

あれほど無責任な人間は、おそらく世界中を探しても珍しい。「差別と無責任に服を着せたものが石原慎太郎だ」と、そう言えば私は幾度も繰り返していた。これまでは、書けば書くほど世間に疎まれ、マスコミの世界で干されていっただけのことだ。

だが私は、だからといって今さら、水に落ちた犬をことさらに叩きたいとは思わない。あの人はもう終わっている。本書における彼への批判は、必要にして最小限のものである。

小池知事は1月20日の記者会見で、豊洲新市場をめぐる石原氏の責任を明確にする考えを明らかにした。都が高濃度の土壌汚染を承知で、汚染対策費を考慮せずに購入したのは違法だと、東京地裁で争われている住民訴訟に臨み、「石原氏には損害賠償責任がない」としてきた従来の方針を見直すという。

なぜか一般には知られていないが、同じ東京には、一方で上原公子・元国立市長が昨年12月、最高裁に賠償金約4500万円の支払いを確定された事件がある。彼女が在職中の1999年に、高層マンション建設計画に反対する地域の声を受け、建物の高さを制限する地区条例を定めたところ、営業妨害に問われて、市が賠償金2500万円を業者に支払った。業者は同額を市に寄付して一度は決着したのだが、紆余曲折の末、市が退任後の上原氏に支払った賠償金＋金利分を請求する裁判を起こし、このような結果になっている。

おかしくないか。民意を汲み上げた首長が、司法によって断罪される。石原氏は本文でも述べた通りに、行政を完全に私物化していた。賠償金を負担しなければならないのは彼であって、上原氏ではないはずなのである。

小池知事を積極的に支持したいとは思わない。彼女にも問題が多すぎる。ただ、本気で石原都政の負の遺産を清算するつもりがあるのなら、それは歓迎したい。とめどない狂気に陥りつつある現代の日本にあって、小池知事の野心が、ケガの功名でもよいからまともな方向に向かってほしいと、心から願う。

なお、本書の企画を引き受けたもうひとつの理由は、小笠原さんからの依頼だったためである。最近では少なくなった、信頼できる編集者だ。

本書が読者にとって有意義なものでありますように。

2017（平成29）年1月30日

誰も語らなかった首都腐敗史［目次］

第4章　小池劇場に騙されるな！

第5章　マスコミが翻弄する東京都政

第6章　雇用と平和を守る東京都へ

[装幀] フロッグキングスタジオ
[撮影] 赤城耕一

第1章

東京都を分割せよ

◈「魚は頭から腐る」

森田　私は、今、日本は巨大組織から腐ってきていると思っています。東京都という巨大組織。自治体では財政が豊かなのはただ一つ、東京都。この巨大な自治体が腐ってきている。もうひとつは巨大独占の電通が腐ってきている。さらにもうひとつ中央省庁、とくに文部科学省。この三つの巨大組織が腐ってきているのが現在日本のシンボル的特徴なんだと思う。この三つを解体するか分割するかしないと、日本の未来はない。まずは、東京都です。

東京都は、昭和18年に、軍部が東京市と東京府を合併させて誕生した首都です。軍事都市にした。昭和18年といえば、最後の翼賛選挙の翌年です。それで東京都にしたのですが、大きすぎる組織になりました。ここにすでに間違いの出発点があった。戦後の体制は戦争中の巨大都市体制をそのまま引きずってきたのです。だから、それ以前に戻さなければいけない。

築地市場の豊洲移転問題、それと2020年東京オリンピックの費用の肥大化の問題、この二つが、小池百合子新都知事の誕生とともに、昨年（2016年）からマスコミを賑わせました。

そもそも豊洲市場の敷地は東京ガスの工場跡地です。なぜ、東京都は、東京ガス側自身が「土壌汚染があるゆえ、生鮮食品の市場には適さない」と売却に難色を示していた工場跡地を買ったのか。当時の知事は石原慎太郎だった。土地取得交渉を担当したのは浜渦武生元副知事でした。

マスコミ報道では、2007年に開かれた専門家会議ですでに、基準値の4万3000倍ものベンゼンや860倍ものシアン化合物が測定されたことが明らかになっていた。

土壌汚染が指摘された結果、専門家会議では、2008年に市場の敷地全体に盛り土を行うよう東京都に提言した。しかし都はこの提言に反して建物の地下に盛り土を行わず、空洞を設けました。空洞の大気からは、国の指針のおよそ7倍の水銀が検出されたといいます。

そして、当初2016年11月に予定されていた移転を延期してから行った2017年1月の第9回目の地下水検査では、基準の79倍のベンゼン等が検出され、いまだ移転時期の目途さえたっていない。しかも、豊洲市場の建設整備費は、当初4316億円だったものが、2016年3月時点で5884億円に膨らみ、とくに建設費は990億円から2752億円に急増しました。

盛り土を行わなかった責任について、小池都知事は、2016年11月25日に関係者の処分を発表し、中央卸売市場の歴代の市場長4人を含む計18人に減給処分が下されました。が、その経緯はいまだに謎に包まれている。

2009年7月から2011年7月まで市場長だった岡田至氏は、盛り土を実施しない工事の発注を決裁したことについて、「中身を読まないまま押印した。盛り土をしないという内容とは思わなかった」などと言っていた。

一方、一番の責任者であるはずの石原元都知事は、盛り土問題に関する都からの質問状に対して、「記憶にありません」「そのような話は一切聞いておりません」「私自身は交渉にまったく関与しておりません」などと回答している。このような無責任は断じて許されるものではありません。

斎藤　まったくその通りだと思います。あまりと言えばあまりにもの無責任の背景には、石原元都知事という個人の問題だけを見れば足りるのでしょうか。それとももっと大きな思想的背景があるのでしょうか。

森田　石原慎太郎知事の個人的資質と無関係ではないと思います。無責任な知事でした。もう一つ組織体質の問題もあります。東京都は第2次世界大戦中に東京府と東京市が合併して、上意下達の組織としてできた軍都でした。ここにあったのは巨大な「中央集権」の思想です。

東京都は戦時体制の遺物です。これは行政機構における「縦」の中央集権です。また戦後、都市と地方の格差が広がる中で、ヒト、モノ、カネ、情報が東京都に一極集中しています。これは地方自治体間における「横」の中央集権です。

つまり、東京都は二つの意味で中央集権的であり、莫大な利益を手にしているということです。これが腐敗の温床になっています。

「魚は頭から腐る」という言葉があるように、都庁は頭から腐敗していますが、区役所や地方はまだ腐敗していません。区長には立派な人物がおり、区役所の職員も一生懸命に働いています。

しかし、東京都の一極集中がこのまま続けば、腐敗が区や地方に及ぶと思います。だから、東京都を分割することによって、東京都の一極集中の利権を破壊すると同時に、それを支える中央集権という思想と決別させなければなりません。

◈軍都としての東京が腐敗の原点

斎藤　東京都の出発点となった「軍都としての東京」というのを私も調べてみたのですが、

そのいわば大東京構想というのは明治半ばの、山縣有朋の頃からあったそうですね。ただその時は、一度閣議決定されるのだけれども、英国型の立憲政体を理想とする大隈重信の勢力がつぶしたというような前史があったそうです。それで当時、大阪や名古屋や横浜などの他の大都市も最近の橋下徹みたいなことを主張していて、それらの主張は潰す代わりに東京だけは昭和18年に都としたということのようです。それでその制度がそのまま現在まで続いているわけです。元々の目的に照らせば、本来、戦争が終わったところで変わらなければいけなかったのがそのままになっているということです。

ただ、戦後は、とは言いながら次第に首長が公選になったり、区にできるだけ権限は移譲されるということにはなりました。2000年に地方分権一括法が施行されて、はっきりいろいろと制度が変わりました。それでごみの清掃事業などの権限が都から区に移管されたのが現在の区政です。このときに、要するに特別区に基礎自治体という位置づけが法的に与えられた。

それまでも、今もあるのが都区財政調整制度です。区が独自の財源をきちんと持てずに、都が調整するという制度です。だから石原都政のときに、都が一方的に固定資産税を下げたことがあった。区側がずいぶん怒ったことがあったそうです。

特別区を基礎的自治体に持っていこうという流れは長年、地方分権の建て前であったのですが、その改革が石原都政のときだったというのが、じつは今に至る問題の原点だったのではないかという気がするのです。私が調べて読んだ論文でも、石原都政だからとは言っていませんが、結局、地方分権の方針が志のようにはなっていないから困ります、みたいなことをみんな書いている。それで、私がこういう論文を読んでいて思い当たった節がありました。

それは、私が小学校の時に一時期行っていた養護学園、今でいう健康学園が、石原都政で片っ端からつぶされたのです。虚弱、喘息、肥満などの問題を抱えた子どもたちが都会から離れて、自然の中で暮らしながら学ぶという全寮制の学校です。私自身はそれによって丈夫になれて今まで生きてこられたという思いがあったので、行政とか公教育に対してものすごく感謝もしていました。それがどうしてここまで踏みにじられなきゃいけないのか。

たしかに少子化だから今までみたいに全部残せないというのはわかりますが、ならば、例えば2つの区の施設を合併させたり、いくらだってやりようはあるだろうと思います。それが全否定されてしまった。当然親御さんたちが怒るのだけれども、中野区では訪れた親御さんたちが「おたくらの子どもには年間1000万円かかってるんだよ!」と中野区の教育委員会の担当課長に罵倒されたという。そんなふうにして廃止されたという経緯があるんですね。それぞれの区にはそれぞれの事情があるはずなのに、ほとんど一斉にやめた。それで私がいた豊島区の竹岡養護学園（千葉県富津市）はわりと最後まで残ったほうなんですが、それは、他の施設が美濃部都知事の時代に作られたのに対して、私がいた豊島区と中央区の学校だけは、今の天皇が生まれたときのお祝いで作られているものだから、自民党も潰しにくかったという事情があったようです。それでも潰された。当時の石原都知事がそこまで細いことを指示したとは思わないけれども、いわばそういう弱い子どもたちを大事にする象徴のような施設が、予算の問題だとかの中で区の議員や職員が上の顔色を見て忖度《そんたく》してそういう結果になったのではないかと今は思うのです。

もちろん私は私怨だけで石原氏を批判しているわけではありません。何の罪もないのにあの人に罵詈雑言を浴びせられ、彼が私物化した東京都に差別的な扱いを受けた人々が山ほどいます。2007年の都知事選に出馬した浅野史郎・前宮城県知事が東京都三鷹市だったかで演説会を開き、私も参加してみたのですが、その場で「史郎（しろう）」にちなんで46人の支援者が壇上に上がって石原都知事批判を叫んだ際の光景が忘れられません。

年配の女性、高齢の男性、フリーター、失業者、被差別部落出身者、在日コリアン、障がい者、同性愛者、ホームレス……。彼らはいずれも社会的に弱い立場にある人たちで、石原都制に絶えず攻撃の刃《やいば》を向けられていた。ですから石原批判といっても、ほとんど悲鳴です。地獄のような日々にはもはや耐えられない、浅野さんでも誰でもいい、とにかく新しい都知事の時代になってほしい、と。

この人たちのためにも、私は一日も早く、石原知事を引きずりおろしたかった。でもダメでした。浅野さんが出た選挙でも石原さんはあっさり3選を果たしたし、とどのつまり彼自身が自分の勝手で辞めるまで、どうすることもできないまま、私たちの社会を食い荒らされてしまったことが、残念でなりません。

ですから、基本的には区が基礎自治体になっていくということはいいことだし、それでも残る都の権限がいずれ解体に向かうのであればよかったんでしょうけれども、地方分権改革のときに石原都政だったというのはすごく不幸なタイミングだったと感じました。

森田　石原都知事は本当に無責任だった。知事のなすべきことまで役人に丸投げして、ほとんど遊んでいたと言われてもやむを得ないような生活をしていたそうです。知事としての自分の顔だけ立ててくれれば、あとは〝よきにはからえ〟という感じだったようです。

私は日本政府がこれまで都道府県を中心にやってきたことは、大きな間違いだと思っています。東京は、国と市町村との間にある中間自治体ということになってはいますが、普通の県であれば、基礎自治体の市町村には一定の自由と権限があります。ところが東京都の23区の特別区は、行政機関の下部組織にすぎなかった。だから戦後に選挙を導入して区長選挙はあったし、それから区議会議員選挙はあったけれども、まったく形骸化してしまっていて、ただあるだけという状況だった。だから1980年代ごろから地方の時代などと、掛け声だけは出てきた。このままでいいのかと。それから基礎自治体のほうからも、もう少し我々に権限をという要求が出てきた。それで今のようなかたちに改正をせざるをえなくなったのだけれども、実態はものすごく遅れています。だから市町村に比べて、東京特別区の権限は最近までかなり小さかったのです。

この特別区が最近強くなってきたのは、東京一極集中が進んで、それぞれの特別区の財政が豊かになったことが大きい。企業がどんどん全国から移ってくるので、財政力がついた。区としていろいろなことができるようになった。例えば東京都の場合、23区で、子どもが中学を卒業するまでは、医療費が無料です。千代田区、北区などは18歳まで無料です。そうすると地方では負担があるから、地方の金持ちが移ってくるのです。だから一極集中がどんどん進んでいくのです。そういうような経緯で区役所が力を持ち、区議会もまた少しずつ力を持ってきているのが今の状況です。

それでも地方の市町村に比べると、特別区は権限が少ないのです。三多摩の市町村も特別区並みにある程度縛られていた。結局、基礎自治体に権限を与えないで、東京都が過剰な権力を行使できる状況が続いてきた。東京都が権限を行使するところだけが税収も豊かだという構造があった。しかも都知事が無責任で、役人よ、自由にやれよという感じだった。それで役人はいろいろなことができた。羽目を外しても大目に見られているということでした。だから、東京都は全国の地方自治体に比べて、腐敗が極端なのだと思うのです。

例えば今度、豊洲の移転問題で問題になったのですが、行政文書が残っていないという。それでよく都政と言えるのか。国には文書がある。他の地方自治体もみんなある。東京都だけ、しかも相当の長期にわたって文書なしに通してきたという。他の自治体だったら、知事の首が飛ぶような話です。それは石原知事が、〝俺は読まねえから1枚のペーパー以上のものは持ってきちゃだめだ〟と言ったからだという話です。俺の目を通せる範囲のものにしろといって、すべての文書を短くしたんだと言われています。しかし、それすらもろくに残ってない。こんなに腐敗している自治体は、他に例がないと思います。東京都は相当に深い腐敗の中にあるということです。

斎藤　その昭和18年の東京都の誕生ですが、端的に言って、都にするとどういう意味があったのですか。

森田　首都の巨大化です。東京府と東京市で分かれていたけれども、一本化して全部包んでしまえということです。先ほど斎藤さんが言ったように、最近大阪で橋下が言っていたようなことなんですね。それで帝都としての総動員翼賛軍事都市をつくった。初めは15区ぐらいだったのが、今は23区になったのだけれど、この23区にほとんど自由を与えなかった。県であれば市町村に対してある程度の自由を与えています。県であれば、市の規模が大きくなれば相当な大きな権限を与えられた。１００万都市になれば県にも匹敵する存在になった。

斎藤　区は違いますものね。

森田　区は、完全な下請け機関だったのです。

斎藤　そうですね。独立性がまったくなかった。

森田　戦後は特別区にも選挙を導入して、区長は選挙で選ばれるようになりましたが、まったく独立性がないのです。東京都は完全な独裁体制を築いていたのです。この独裁体制を、民主主義の時代になってもずっと継続してきたのが戦後の東京でした。

斎藤　ええ。

森田　私は、この膨れ上がった、知事や都庁の役人や議員があぐらをかいている東京都という組織をなんとかしたい。情報公開だといって文書の請求をしたって、文書はありませんでしたと平気で言ってくる。ふざけきっています。それから豊洲では誰が土を盛らなくていいと言ったのかと聞いても、それもわからないままで、小池都知事ですら真実を明らかにすることを諦めてしまっている。諦めたら、悪は栄えます。

イギリスの自由主義政治家でグラッドストンという人が19世紀にいたのですが、彼が「政治の目的は、善が成しやすく悪の成しがたい社会を作ることにある」と言っているのです。政治というのはそういうものです。悪をはびこらせたら、ろくなことにならない。石原知事の罪は大きい。

斎藤　同感です。本当はだから小池さんは石原都政を、とにかく全部振り出しに戻すのが使命ぐらいでなければならないと思います。それだったら私はとりあえず支持したっていい。

森田　石原以来17年になる。この歴史を洗い直すというのを小池新知事にやってもらいたい。

斎藤　はい。そうしたら実際、いま森喜朗などとの対立をマスコミがおもしろおかしく劇場型に演出して小池さんを持ち上げていますが、そんなことよりもずっと支持を得られると思う。それこそ女性総理だって夢じゃないんでしょう。

森田　東京都の腐敗の追及に対しては小池知事は全力で取り組むべきだと思います。公明党、共産党までも小池知事に近づいています。都議会での過半数は可能です。小池知事は小池塾なんかでエネルギーを使うのをやめて、既存の力を使えばよいのです。

斎藤　先ほどの論文を読んでいたら、道州制の話もまだ残っていますよね。そして、もし東京州なんていうことになるのだったら、その場合はやはり絶対に東京市の復活をしないことには大変なことになると書かれています。その場合は何も23区全部でなくてもいいから、山の手線の内側と周辺の区だけでもなんとかならないかということを、これは中央大学の先生が書いているのです。もちろん、そういう建前論だけでは、放っておけばただ大規模化して更に状況がひどくなるだけの現状の単なる修正になりかねないけれど。でも、実際的な議論を続けていければ、昨年からの豊洲の問題をはじめ、混乱そのものの都政の問題の中から、光明が出てくるかもしれないということですね。

◈東京都分割試案

森田　東京都のこれほど深刻な腐敗を撲滅するためには、かなり思い切った処方箋を考えてみなければなりません。しかし、東京都の役人を戦後のレッドパージのようにばっさり首を切るということはできないことです。あれは占領下だからできたことです。そうすると意識改革が基本です。意識改革のためには、東京都の規模の縮小を図るというのが基本です。結論から言えば、東京都を分割するしかありません。第1に希望する特別区は政令指定都市として独立できるようにする。そして残った特別区を東京市にする。第2に特別区を除いた多摩地区を「三多摩県」もしくは東京を冠して「東京多摩県」にする。世田谷区などは80万人だから世田谷市にして、独立させる。杉並区なども人口56万人ですから、地方自治法の定める指定都市級です。これも独立したければ独立していいとする。こうすることによって、東京を縮小できます。これで意識改革はかなり進みます。このくらいのことをやらないと意識改革は進みません。バサバサ役人の首を切るわけにはいかないですから。それに今の日本では端から役人を整理するわけにはいかないのです。今、習近平が腐敗撲滅運動をやっている中国とは日本は違いますから。

斎藤　違いますし、それをやったらまたそっちに権力が行ってしまう。どんなによいことでも、強権的なやり方をとるのなら、同じ穴のムジナです。

森田　民主主義的に一歩一歩進めるにはこうやって縮小して、巨大自治体を無くしていくしかない。それとこれは日本の地方自治制度の根本欠点ですが、県が栄えて市町村が沈むというのが今の状況です。市町村が沈んで県が栄えているのです。福島の復興などがなぜ進まないのかと言えば、そういう構造があるからです。県が壁になっているのです。市町村に自由がないのです。それで結局、市町村が県に陳情に行く。国に言うと、県を通じてやってほしいと言われる。そうすると県は鈍感だから知らん顔。威張っています。本当に県は威張っているんです。それで市町村は国のほうがいいと言っている。それで結局この頃は少しずつ、国が県に働きかけている。市町村からの陳情を県に取り次いでいる。だから市町村はみんな国のほうがずっといいと言っているのです。国のほうはマスコミに監視され批判されるから柔軟です。国のほうが、ずっと市町村にとってはいいのです。都道府県が壁になっているのです。東京都は大きな壁です。他の道府県は東京都に右にならえです。東京都の役人と同じように、県はあぐらをかいているのです。

斎藤　東京都の真似をしているわけですね。

森田　だから道州制の話が出てくるのは、この壁になっている県をやっつけてくれという希望があるのですが、しかしこの壁になっている県の力にはかなわないのです。だから道州制は不可能なのです。この壁になっている県が権限も持っている。金も持っている。それで都道府県は威張っていて、市町村を奴隷化しているのです。この最たるものが東京都なのです。

ここに、現在の日本の最大の問題があるのです。このままでは限界集落なんかみんななくなっていきますよ。どんどんなくなっていきますよ、今の状況だとね。

◇石原慎太郎を守ったナベツネ

斎藤　先ほどの健康学園の話ですけれど、私はどうしても石原慎太郎さんの話になると感情的になるのですが、それは結局、そういう経験が元々の原因なんですね。単に記者として仕事をしてきたというだけではなくて、やはりあのときに自分の全存在を否定されたような気にさせられたことが許せない。

これは以前『世界』に書いたことなのですが、石原都政になってから、都庁の内部でも特に女性を軽んずる風潮が非常に高まったそうです。会議で女性が発言すると、「女は黙ってろ」などといった怒号で返されていたといいます。もともとはそんな人じゃなかった上司までが……と、よく聞かされました。私に手紙をくれた都の元職員は、石原都知事の登場以前は自分たちがもり立てるのに懸命にがんばってきた政策を、その同じ自分が葬り去る手伝いをしていることが耐えられずに退職したそうです。その人は福祉局に長く勤めていた女性で、たしか課長くらいまでいった人です。その方から最初にもらった手紙はこういうものでした。

《彼（石原慎太郎）は弱者といわれる者、すべてが嫌いなのです。障がい者、高齢者、女性、外国人、貧しい人、失業者、ホームレスetc。でも、地方自治体において、これらの人々のために行う施策は大きな比重を占めるものであり、嫌いだから切り捨ててよいものではないはずです。

しかし、石原慎太郎は、それを行っているのです。弱者や福祉などという言葉は、彼の前では禁句のようなものでしょう。二代前の福祉局長は女性でしたが、就任して一年位で、ガンで亡くなりました。庁議などでガンガンやられて、忍びがたきを忍んでいたためだろうと多くの職場の仲間たちのウワサでした。》

とにかく石原知事になってから、自分たちが美濃部時代から苦労をして築き上げてきた福祉を、自分たち自身の手で壊させられるという残酷な経験。どこの予算をいくら削れという企画書を自分で書かされたのだそうです。そのときに上の命令には逆らえないにせよ、肝心だと思うところはなんとか残そうとする企画書を提出すると、その場で上司に破かれたという。それで、「女は黙ってろ」……。どんな職場にも多少の男女差別はあるにせよ、そこまで前面に出してきて全否定するというのはありうるのかみたいなことを、その人も話してくれました。石原都政のときに行政組織としての最低限のモラルが吹っ飛んでしまったのではないかと私は思います。

森田 私も、時間があれば石原慎太郎氏の都知事時代の罪悪を洗いざらい調べてやりたい気持ちはありますが、年をとり、自分ではできない。誰かやってくれないかなと思っています。『石原の罪』という本を、誰かがきちんと出さなければいけません。

斎藤 そうですね。それがなされない限り、東京は永久に再生できません。

森田 石原の責任追及の運動を起こしたい（笑）。石原の大罪というのを満天下に知らしめたいですね。

斎藤 裁判に訴えた人たちもいましたよね。土壌汚染に目をつぶった豊洲の用地取得は地方自治法違反だから、都は石原さん個人に全額を請求するようにと求めた訴訟です。ああいうのがもうちょっと広がればいいと思うのだけど。

森田 石原慎太郎を、読売の渡邉恒雄が守ってきた。ナベツネと石原の関係は兄弟仁義のようなものですね。

斎藤 でもナベツネさん、私はもちろん好きな人ではないのですが、しかし彼から見たら石原さんはあまりに小物に見えないですかね。

森田　いやどういうわけかね、ものすごくつながりが深いですね。

斎藤　利用しやすいということなんでしょうけど。

森田　山崎拓が派閥を、石原伸晃に譲ったことを、関係者に聞いたら、山崎がナベツネさんにしつこく頼まれて、断りきれなかったという話でした。山崎拓という人物はちゃんとした人間です。ナベツネに抑え込まれたのですね。ナベツネに抑え込まれたという人はかなりいます。

斎藤　それはやはりマスコミの力を利用しているというか、恐れられているんですか。

森田　ナベツネを恐れている政治家はかなりいました。私は1990年代の初期、読売が主催する地方議員セミナーの講師を頼まれたことがあった。統一地方選挙のある4年に1回開かれるのです。それに選ばれると政治評論家の私と、それから外国人タレントと、読売の論説委員長、あるいは副委員長・論説委員とセットになって地方を回りました。それで当時、読売の論説委員長、副委員長、幹部クラスが、私より少し若い世代の人でした。私は学生運動で名が知れていたから、私のことを知っている人間もいました。そんな人たちとしばらく一緒に旅行しました。その道連れの人たち自身はかなり優れた人物じゃないかなと思っていましたが、ナベツネの話になると、とたんに「神様、ナベツネ様」と実に情けない話になる。

本当に嫌になるほどです。「ナベツネ様は秀才です、天才です、神です」と本気で言うのです。すごいです。たまんないですね、読売の中では。それほどナベツネの力は強いのです。それが1990年代の初めですから。それからどんどん代替わりしているのだけれども。90歳のナベツネだけはまだ頑張っているでしょう。

斎藤　普通組織というのは、ああいう人が仮にいても、対抗勢力が出るものでしょうけども。それが現れてこない読売新聞社という組織には、もはや自浄能力がないということなのでしょう。

森田　ナベツネはよっぽど、勘が良くて、反ナベツネになる人間をうまく追い出してしまっている。そういう才能があるのかもしれない。

斎藤　ただそれが読売一社で収まっていればまだ社会的にはましなんだけど。新聞の軽減税率の件などを通して、新聞業界全員がなんだかナベツネの家来みたいになってしまった。業界の全体が逆らえない構造ができてしまっていますよね。

森田　マスコミの新聞協会の会合、社長会という重要な会議があるのですが、社長会が始まると、ナベツネが朝日新聞の社長に喧嘩売るんだそうですよ。私は某ブロック紙の社長から詳しく聞いたのですが、ナベツネが会議の始めから朝日に喧嘩を売るんだそうです。朝日の社長はたじたじだそうです。

斎藤　それは紙面についてですか。

森田　紙面もある。いろいろなかたちで、難癖つけて。そうすると他の新聞社の社長もみんなおとなしくなってしまうそうです。ナベツネ全一支配みたいになっているそうです。読売新聞も若返っていますが、若い世代の人まで、すべてナベツネの子分みたいなものです。そのナベツネが石原慎太郎を支えてきたのです。このことが悪影響を残しています。

斎藤　なんて恐ろしい話でしょう。芥川賞を通して石原さんと深い関係がある文藝春秋が彼とべったりなのは、いい悪いを別にすればわかるんですけど。なぜ他のメディアまですべてそうなのかと思っていたのですが。そういうこともあるのですね。

森田　気持ち悪いですね。

斎藤　しかもここ何十年も続いていて。ナベツネは石原さんのいったい何を評価したというのですか？　わけのわからない人たちの人気ですか。

森田　石原というのは、意外に器用な男ではないかと思います。例えば亀井静香としょっちゅう喧嘩するそうですが仲がよい。もともとは中川一郎のもとで亀井のほうが弟分だった。年も若いし。だけど実際、今は亀井が怒鳴りつけて、石原が泣いて謝るという関係らしいですよ。亀井の近くの人からそんな話を聞いたことがあります。亀井と石原とは義兄弟のような関係で、すべてを許し合う関係のようです。石原にはそういう器用なところがある。ナベツネとの関係も、私が想像するに、亀井との関係と似たようなものだと思います。だけどマスコミの前では、俺は男だ、みたいな格好をしていますね。

斎藤　はったりもいいところなんですけれどもね。だけどそれにしても、あの人が男らしいだなんて本気で信じる人がいるんでしょうか。あれほど気が弱くてつまらん人間って、世界中を探してもいないんじゃないかと、私などは感じてしまうのですが。

森田　私は一度、朝フジテレビに行っているときに、石原と鉢合わせしたことがあるんですよ。そのとき、今のフジテレビの会長の日枝久をはじめとして社長、役員ら数十人が、大名行列で石原の後について、ペコペコしていましたよ。それで私は偶然にドアを開けたら石原が来て、「よう」というようなことで挨拶したことがあります。しかしテレビ局の役員の諸君は最敬礼していましたね。大名行列でした。

それで後でテレビ局の人に聞いてみたら、放送局は東京都知事の認可事業らしいです。テレビ局は総務省、郵政省だけではなくて、東京都にも許可をとらないといけないらしい。都知事はテレビ局の支配者になれるのです。橋下徹が大阪府知事でテレビ局の支配者になれたのは、テレビ局が認可事業だからです。橋下からなにか言われたらみんなひれ伏す。だから私は関西テレビで、橋下を1、2回批判したら嫌がられました。一度私はオンで橋下を叩いた。その後、橋下のテーマが何年間か来なかった。5、6年経ってからかな、再び橋下のテーマが出ましたから、また叩きました。そうしたら数日後、「森田さん、来年の3月で交代になります」と言われました。「それまでは隔週にしてください」と言われました。テレビは知事の認可事業なのです。だから知事の力というのはすごいのです。

斎藤　生殺与奪の権限が。

森田　権限です。だから石原のような無責任知事が英雄になってしまう。マスコミもどうかしています。あの『太陽の季節』なんてくだらない小説を60年間にわたってみんなで持ち上げた。それで英雄にしてしまった。石原が選挙に負けたのは1975年に美濃部に負けた1回きりでしょう。あとはみんな選挙に勝ちまくって。選挙に出ればみんな石原、石原っておだて上げる。つまらないやつを英雄にしてしまって、東京都をガタガタにしてしまった。

最近、小池都知事は石原への責任追及をする方向へ動いていますが、しかし一度はやめた。今度、本気でやるかどうか、見届ける必要があります。2016年11月、豊洲移転問題に関する都から石原への質問書のそれ以上の追及を小池都知事は見送った。

斎藤　もうあの時点でだめですね、小池さんも。

森田　あれはひどかった。

斎藤　だからすべて乗り切ろうと、ポーズかどうかちょっとよくわからないけど。仮にそのときは本気だったとしても、どこかで簡単に寝転ぶでしょうね。

森田　自分の政治生命が危ないと思えば、あれだけの野心家ですから。必死になって何度もやるんだろうけれども。本性が表れますよ。小池の本質は石原と同じだと思う。

斎藤　マスコミの対応もそうですね。豊洲の件でも、あれが問題だから報道しているというよりは、小池知事がやることだから味方していこうということでしかない。結局、石原さんのときとまったく同じことをやっているだけです。権力と見ればへつらうのが習い性になってしまっている。

森田　東京都の問題に戻るとね、今やっと少しずつ特別区の力がついてきているんですけど、やはり特別区をもっと自立させないといけません。基礎自治体を自立させないとダメです。それに蓋しているのは、東京都の巨大な金と権力です。

斎藤　そうですね。石原さんが「東京都は伏魔殿だ」なんて、昔から言われていることをまるで自分の表現みたいに言っていましたが、あなたが言うなよっていう話ですよね。伏魔殿なのはたしかにそうです。しかもその特別区が善玉かというとそういうものでもなくて。それがまた新たな利権を作ってしまっているでしょう。『知られざる東京権力の謎』（安達智則・鈴木優子著、花伝社、2006）という本には、飯田橋に2005年にできた東京区政会館をめぐる利権構造が取り上げられています。東京都宝くじのお金などがどう使われていたかとか、細かいこともいろいろあるんだけど、あの東京区政会館の中に入っている財団法人特別区協議会というのが、実質上、東京市みたいな機能を帯びるようになっていったのだそうです。それは、先ほど森田さんが話された、東京市が望ましいという話とはかなり違って、要するに、もっとうやむやな、わけのわからない肥大化した官僚組織が出来上がってしまったという、ありがちなシナリオなんです。ですから区は区で妙な構造ができているそうですが、だからそれを本来の縮小された東京市に戻していくには、今が滅多にないチャンスなのかもしれません。

第2章

伏魔殿・東京都の歴史

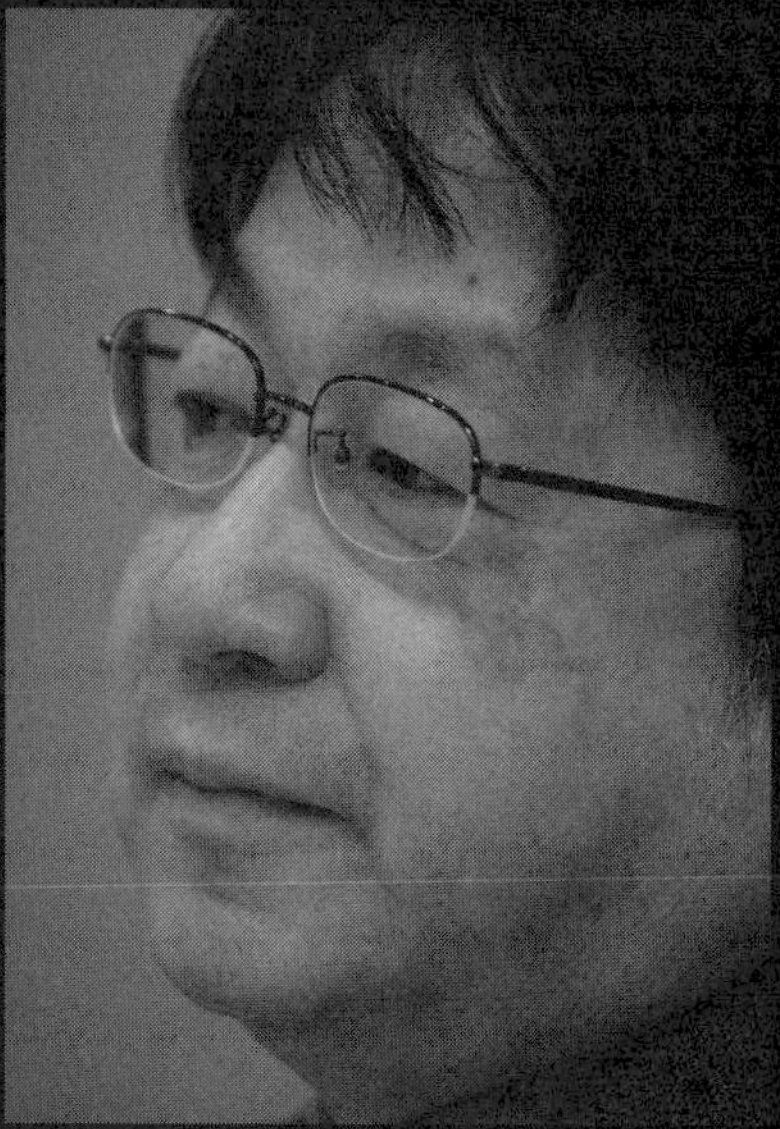

◈汚職が日常だった安井・東都政時代

森田　私は昭和26年（1951）の9月に東京に出てきたのです。相洋高校という小田原の私立高校を卒業したあと、受験に失敗して、1年浪人していたのですが、二人の姉が東京で先生をやっていて、来てもいいよと言ってくれた。予備校に行ったほうがいいんじゃないのというので、上京して東京の住人になったのです。その頃の都知事は戦後最初の都知事の安井誠一郎。それから翌年の昭和27年の4月から大学生になりました。寮に住むようになりましてね。それからは政治活動ばっかりやっていました。

安井誠一郎は独裁者的都知事でした。都庁に関しては絶えず黒い噂は流れていました。事件になったのは昭和30年（1955）の都庁汚職事件という大きな事件です。それでも安井は都知事を3期12年、1959年まで務めて、それから国会議員になった。昭和35年に衆議院議員になった。そのときには都知事は次の東龍太郎《あずまりょうたろう》という、オリンピック用の都知事になっていた。

斎藤　1964年の東京オリンピックは安井都知事の時代に計画されたのですね。

森田　そうです。正式に決まったときは東龍太郎知事になっていました。東龍太郎という人は、東大医学部の名誉教授でした。そして体育協会の会長だった人です。東都知事を先頭に立て、東京オリンピックへ向けて体制を組んでいこうということになりました。東知事は象徴的な人で、都政運営は役人に任せるという感じのタイプの人でした。体育協会のシンボル的存在で、オリンピックのシンボルになりました。その前、社会党は、昔の外務大臣だった有田八郎を1955年の都知事選で安井誠一郎にぶつけて、かなりの小差まで追い詰めたんだけれども、勝てなかった。それで更に1959年には東龍太郎にもぶつけたんですが、やはり勝てませんでした。

社会党はそのあと兵庫県知事で人気があった阪本勝を引っ張り出してきて1963年の都知事選に臨みましたがこれも負けて、東龍太郎が2期目に入りました。それで次は経済学者の美濃部亮吉を引っ張り出した。それから3連勝でした。美濃部知事で12年間の革新都政を作ったわけです。

安井誠一郎のときには絶えず黒い噂が流れていました。彼は一種の独裁者でした。

安井誠一郎は東京帝国大学独法科卒で、内務省に入った。警察畑で実力をつけた内務官僚でした。安井は岡山出身で、ボスが宇垣一成《うがきかずしげ》という軍人・政治家で、すごい実力者だった人です。この人は東條英機とソリが合わずに、東條の全盛期に排除された。宇垣派だった安井誠一郎も翼賛選挙があった昭和17年に排除されました。安井は左遷されていたため戦争責任は問われなかった。このため戦後に重要な地位に就くことができた。

斎藤　戦時中は冷や飯を食っていた、と。

森田　戦時中、一時ね。だから戦犯に問われなかった。似ているのは吉田茂です。吉田茂は戦犯に問われてもやむを得ないような立場にいたが、戦争責任の追及は受けなかった。東條に狙われて監獄にぶち込まれました。目黒署が焼夷弾を落とされて危うく死にそうになったのを逃げたというような経歴が幸いして、戦後追放されずにすんだ。それで彼の時代がくるのです。似たようなことが安井誠一郎にも言えます。つまり内務省のエリート中のエリートで、ある時期まではうまく宇垣一成についてね、朝鮮の実力者になったりした。あの頃はみんなだいたい海外で力をつける。吉田は満州でつけた。それで最後の段階で左遷された。それで冷や飯を食うんだけれども、その冷や飯が戦後に温かい飯になった。それで東京都の実力者になる。新しい昭和22年の憲法からね。いや、新しい体制になる前から、事実上の都知事になっていた。最初は東京都長官といっていた。

斎藤　これは選挙で選ばれた知事ですね。

森田　昭和22年（1947）の選挙で選ばれた知事です。だから選挙の前から東京都長官だった安井誠一郎が選挙で選ばれた。圧倒的に強くなった。そのときに大企業だとかを徹底的に優遇した。それで絶えず黒い噂が絶えなかった。安井誠一郎の都政は、例えば名古屋と比較すると、かなりいい加減だと言われていました。名古屋の都市計画は、広い道路を作って、その後の名古屋の経済発展のための社会インフラの基礎を作った。私も会ったことありますが、杉戸清さんという人が市長をやっていました。土木工学出身の人で、技術者でした。この人は焼け野原に本当に大きな、広い道路を作って、名古屋の経済発展の基礎を築いたと言われました。安井はよくその人と比較されていました。安井はかなりいい加減だったと言われていました。

こういう流れの中で、安井の時代の東京都政というのは、吉田茂から保守合同を通して鳩山一郎・石橋湛山・岸信介にいたる過程で東京都の保守体制を築いたのです。自民党にあらずんば人にあらずのような感じがありました。自由党から自民党に移っていくわけですが。その間の都政はやはりしたい放題の感がありました。

私が東京都民になったのは昭和27年に大学に入学したときでした。昭和26年秋から東京にいましたが、それまで住民票は郷里の伊東においたままでした。27年4月に初めて大学に行くために渋谷の駅に降り立った。渋谷のホームからぐるっと見まわすと、あたりはまだ焼け野原でした。ところどころにバラック小屋が立っていました。みんな生きるのに精一杯でした。東京の戦後の都市計画はあってないようなものでした。なんとなく成り行き任せだった。疎開していた人たちが東京に戻ってきて、焼け野原になった自分の土地にバラックを建てて、生活し始めた人も大勢いたのです。いったん生活し始めたところをバサッと整理して開発するだけの力は行政にはなかったと思います。というより、生活する人のエネルギーのほうが強かったと言うべきかもしれません。しかしながら安井都知事は、大企業とか、既存の権力の復活という流れの中心になった人物です。彼は政治的野心があるから、都知事を辞めて衆議院議員になりました。東京一区から最高点で当選しましたね。

斎藤　その後どうなったんですか。

森田　2、3年で病気で亡くなりました。その弟が参議院議長になった安井謙です。この弟に比べれば安井誠一郎は超大物だったと思います。

斎藤　エリートですね。内務省時代は特高ではなかったのですか。警察畑というのは。いえ、戦前、戦中に国民の思想を取り締まった特別高等警察の官僚が、戦後は公職追放された後もいつの間にか息を吹き返して、要職に就いた例というのを、嫌というほど見聞きさせられたものですから。瀬尾弘吉、安倍源基、高村《こうむら》坂彦、橋本龍伍《りょうご》、増田甲子七《かねしち》、町村金五、古屋亨……。今だってこの国の国会は、彼らを世襲したぼんぼんたちでいっぱいです。たしか安井さんもそうだったような記憶があって。

森田　警察畑でしたね。特高という資料は、そうだったかも知れないけど、私は見てないですね。朝鮮で大活躍した記録はあります。安井誠一郎時代に東京都政の基礎が築かれたのですが、官選の東京都長官から公選の東京都長官になったのは昭和22年4月。戦後2年間は旧憲法で、新憲法になった昭和22年5月に日本国憲法とともに地方自治法が施行されて、それで東京都長官から初代東京都知事になりました。そして都知事になって12年間、君臨した。だから戦後の東京都政を語るうえで、安井誠一郎は重要人物でした。昭和30年の都庁汚職事件というのはこれは有名で、大きな事件になりました。

斎藤　都の結核療養所「生浜荘」の不正入札事件というのに端を発する一連の構造汚職事件ですね。建設局、建築局、水道局、管財局にまで捜査が飛び火し、総勢50名以上が逮捕されました。山手線に飛び込んで自殺した職員も出ています。

森田　それ以前から、絶えず黒い噂が出ながら、しかし大きな事件になりそうでならない、という状況でしたからね。

斎藤　「東京都政の七不思議」とも言われたのですね。この言葉には記憶があります。

森田　これは東龍太郎都知事の時代ですが、いちばん大きかったのは、昭和38年の都議会内の大規模な汚職事件です。第1次東京都議会汚職事件と呼ばれています。14名が起訴されたようです。これには2年後、第2次があって、東京オリンピックの翌年の1965年に第2次東京都議会汚職事件が起きます。こちらのほうは都議会の議長の選出に絡む汚職事件でした。このときは自民党都議15名が逮捕されています。じつは、これで都議会が解散になりました。だから都議会議員選挙は統一地方選挙とは2年ずれて行われているのです。この事件は都民から大批判を浴びました。都議会解散になりました。これで出直し選挙になりました。それまでは東京都議会というのは議長の取引で、金が動いたりなんかしていたらしいです。この汚職体質がこのときに暴かれてしまったのです。このときは追及する社会党もいたし、追及する新聞もあった。当時地方自治法には自主解散の規定がなかったので、国が国会で特例法を可決して都議会の自主解散ができるようになったのです。あのときは本当に大騒ぎになりました。それでこの出直し都議選で自民は大敗して、社会党が第1党になり、そして公明党が躍進しました。ですから公明党が出てきたというのは、東京の議会の歴史の中では非常に大きいことです。だからそれ以後は自民党内でしたい放題に都議会の議長を取引するというようなことは、だんだんできなくなりました。

◇美濃部都知事の誕生秘話

森田　このようにオリンピックまでは、正確にはその3年後までは保守都政が続いたのですが、この間は高度経済成長の時代です。昭和35年（1960）頃までに、東京の街中に建物が立ち、地面がだんだん見えなくなっていきました。オリンピックが過ぎて、はっと気がついたときにはもう公害、過密などの都市問題が出てきていました。公害、水質汚濁、大気汚染（光化学スモッグ）、騒音、当時「ゴミゴン」と言われたゴミ問題、過密なラッシュアワー、そして福祉問題。そういうさまざまな問題が一気に噴出しました。高度経済成長の負の側面が、このような社会生活のひずみとなって表れたのです。

結局、福祉・公害問題が大きなテーマになり、その主導権をとった美濃部氏が1967年の都知事選に出てきて当選します。都議会はすでにその2年前の出直し都議選以来、社会党が第1党でした。それから3期、12年の間、革新都政が続きます。やがて、1970年代に入り、石油危機が起こります。それでスタグフレーションになって、日本全体が財政危機に陥ります。結局、石油ショックとともに高度経済成長の時代が劇的に終わり、高度経済成長政策はもうとれないことがはっきりします。都の財政も危機に陥ります。そうするともう財政を立て直すしかない。そこで今度は1979年から、鈴木都政になって再び保守都政に戻るわけです。そして鈴木都知事が財政再建をやりました。鈴木知事は、4期16年都知事の座に君臨します。その後、バブルになり、バブルがはじけ、そして青島が出てくる。

斎藤　美濃部さんの頃の東京都というのは、実際、どんなふうだったのですか。どうしても私たちは石原に対する美濃部ということで、美濃部さんの側にシンパシーを感じてしまうのだけど、私自身はまだ子どもだったので、よくわからないことが多い。美濃部さんのときも問題がいろいろあったのでしょうか。

森田　美濃部のときは、あまり大きな腐敗問題はなかったと思います。自民党側は、社会党の裏に、都政調査会とかいうのがあって、そこの小森武というものすごい実力者が美濃部の後ろにいる「東京都のラスプーチン」だとか大騒ぎしていましたが。騒いだわりには、大きな悪いことは起こっていません。本書の巻末の「都政腐敗年表」を見てもわかるように、汚職問題はいろいろ継続していたことは事実ですが。

美濃部が強かったのは、福祉を始めたことでした。それと公害問題に取り組んだ。世間全体が公害で大騒ぎ、福祉で大騒ぎの時代でしたから。

斎藤　美濃部都政2年目の1968年には、日本初の公害防止協定を結んでいます。北区のごみ焼却工場建設計画をめぐって、東京都と地元住民の間で交わされたものです。計画も反対運動も東前知事の時代からで、裁判にも発展していた。その裁判長の勧告があってこその協定ではあったのですが、美濃部さんでなければ、都が少しでも住民の生活を考慮するような姿勢はあり得なかったかもしれません。しかも協定では、大気汚染を数値だけで捉えるのではなく、現状よりの悪化をもって公害の発生とする判断基準が認められた。データを万能視する、際限のない〝科学論争〟が常に権力側を有利にしていくことになるその後の公害史を思うと、この公害協定の意義がどうしてもっと全国的に活かされなかったのかと、残念でなりませんが。

森田　美濃部が1967年の都知事選に立候補したとき、私も少しだけ関与しました。美濃部は労農派の学者でした。労農派のトップは大内兵衛《おおうちひょうえ》です。先輩には、向坂逸郎《さきさかいつろう》、有沢広巳がいました。九大の名誉教授にもなった高橋正雄もいた。高橋正雄が根回し役でした。高橋が美濃部を擁立したのです。美濃部は革新勢力の中では何番目かの候補者でした。都留重人《つるしげと》も候補者の一人でした。それで日本経済新聞社の一番上のパーティー会場で集会をやりました。高橋正雄から呼びかけを受けて、私は『経済セミナー』の編集長だったから出席した。帰るとき、美濃部と同じエレベーターになりました。「森田クン、どうかね」と美濃部が私に話しかけました。「先生やる気あるんでしょ」と言ったら、黙っている。だから私は「5回断りなさい」と言いました。断ればニュースになる。そしたらあなたの名前はどんどん出る。「5回も断って大丈夫か」と美濃部が言うから、「『心配ないですよ』と耳打ちしていきなさい」と言いました。「最後はちゃんと考えるから」と言いなさいと。高橋正雄のほうが先輩なんですよね。そして「わかった」と。そして断っているうちに美濃部の名前がどんどん有名になりました。断るということはニュースになるのです。普通は三顧の礼で3回断れというんだけど、私は5回断れと言った。それで美濃部が出てきた。福田赳夫が当時の自民党の幹事長でしたが、福田が動揺しました。美濃部の親父の名前がすごい。達吉です。

斎藤　天皇機関説ですね。一筋縄ではいかない議論ではありますが、戦前のあの時代に、自らの学説を曲げなかった点は見事だったと思います。

森田　それで自民党側は動揺したと思います。美濃部達吉は大学者でした。しかし息子の美濃部亮吉は少し違いました。軟派ですよ（笑）。しかし人気はあった。結局、民社が持っていた候補者、つまり立教大学総長の松下正寿《まさとし》を民社と一緒に担ぎ出した。結果は美濃部の圧勝でした。
しばらくしてから美濃部都知事を訪ねました。私は「美濃部さん、あの隅田川をきれいにしてくれませんか」とお願いした。じつは私、東京に出てきて、昭和27年にボートの学内対抗競技会があったときに、隅田川の臭いがものすごくひどいことを知ったのです。隅田川を歩いて渡るときには、鼻がもげそうな状況でした。競技会の際、向島でボートを漕いでいるときはひどかった。隅田川を春のうららの隅田川に戻してほしい、と言って陳情したことがありました。公害対策が次々と打ち出されるようになっていました。それは結局、汚物を運ぶ汚穢《おわい》屋船っていうんですかね。あれが本当は隅田川を下って、太平洋の黒潮まで行って汚物を捨てなければいけない決まりになっていたのに、面倒臭いもんだからね、みんな途中の川で捨ててしまっていたのです。これを現場で摘発したのは公明党の地方議員でした。異様な臭いでした。

斎藤　それはひどい（笑）。

森田　戦時中から全然整備されていなかった。隅田川周辺は戦災にあって焼け野原でした。多くの人々が戦争の犠牲になりました。戦時中から汚れたままの状態がそのままになっていたのです。しかも黒潮に捨てるべきものを隅田川の中で捨ててしまっていた。それを江東区、墨田区など隅田川周辺の公明党の区議会議員たちが臭い川に潜り、船の底を調べて発見した。汚穢屋船が捨てている現場まで行ってね、臭くて大変だったと思う。この摘発で大騒ぎになった。その結果、捨てるのをやめたという経緯があった。それから周りの下水道の整備をやった。それでもきれいにならないから、利根川とか荒川の水を隅田川に引いた。それでやっと綺麗になったのです。二、三十年かかりました。

斎藤　隅田川につなげるんですか?

森田　川をつなげて、水を流通させた。それでヘドロでいっぱいの川が、長いことかかったけれど、少しずつ浄化して魚が棲《す》めるようになった。今は春のうららの隅田川になった(笑)。綺麗になった。美濃部も彼なりに一生懸命やった。我々も公害キャンペーンを一生懸命やりました。老人福祉もやった。しかし、石油ショック後、財政難になり、金がかかりすぎるということで、大蔵省の反撃をくらいました。

斎藤　さんざん言われましたね。

森田　行政改革でさんざん叩かれたんですが、だけどあれは政治的な問題であって、腐敗ではないんですよ。財政政策の問題で。私は大蔵省の連中が、そんなに神経質にならなくてもよかったと思うんだけど。だけど、自民党が美濃部都政を倒したかった。自民党と大蔵省が美濃部都政を倒した。

斎藤　そうでしょうね。

森田　こういう問題は腐敗とは違う問題ですが、自民党は鬼の首を取ったように放漫財政だといって攻撃した。

東京都政の腐敗との闘いで、社会党の役割は大きかった。永遠の野党でも、腐敗を食い止めようという政党があったというのが大きかった。そしてそれを支える都労連、その中心の都職労、つまり東京都の職員組合です。これがやはり腐敗を止めていた。社会党は共産党と組んで自民党の都政を倒して美濃部都政を作った。1971年に秦野章が都知事選に出てきても倒して再選する、4年後に石原慎太郎が出てきても倒して3選する。しかし、美濃部が強かったのは、福祉と公害対策に取り組んだ結果でした。しかし美濃部は大蔵省の行政改革案に敗れて、参議院議員に転身した。

鈴木の時代になってから、保守都政に戻っていく。しかし、ここでもまだ都職労もあった、都労連も力を保っていた。社会党も存在していた。だけどそれが1980年代以後の労働界再編の時代に崩されてしまった。その後、労働界は統一して連合結成に至る。私は連合の山岸章さんと親しかったので手伝った。山岸らの努力で連合結成まではこぎつけた。山岸は偉大な人物でした。しかし、山岸がやめて去ってから連合は弱くなってしまったね。自治労都労連・都職労も弱くなり、内部の腐敗を止める力も弱くなってしまった。この意味でね、総評と社会党がなくなったことは、日本の腐敗に拍車をかけたのです。

斎藤　そうですね。当時進んでいた新自由主義的な改革で、まったく歯止めがなくなってしまいました。

森田　結局、労働組合が力がなくなってしまうのは、首切り自由という新自由主義が日本社会の中に入り込み、法制度まで変えてしまった結果です。経営者に首切り自由の権利を現に与えたのです。私は商工会議所などの経済団体で講師をしていましたから、講演に行きます。そこで「いちばん経営者が大事にしなければならないのは雇用なのに、もう法律まで首切り自由にしてしまった、そしてみなさんはどんどんそういう権利を行使しているけれども、やめてくれ」と話しました。労働者というのは経営の一番大事なものだから、首切りなんかやめて、つまり日本的労働慣行でいいものは残していってもらいたいと訴えた。そうすると、この私の主張のために、私は経営者団体から呼ばれないようになりました。ある時期から中小・小規模企業まで中国の安い労働力を使い始めた。ただみたいに使った。「そういうことはやるべきでない。そういう人たちにもちゃんと賃金を払わなければいけない。雇用も守らなきゃいけない。それが経営者じゃないか」と私は訴えた。そうすると、「森田さんみたいな考え方では我々企業は潰れちゃいます」と言われるのです。「経営を維持するために我々は本当にどんな可能性にでも賭けなきゃならん。だから中国のただみたいな労働力だって、我々は使っていくのだ」と言うのです。ひどいことになってしまったのです。

斎藤　でも本当は、組合がその歯止めにならなきゃいけなかったんです。ところが何年か前に聞いたのですが、結局1995年の日経連の「新時代の日本的経営」あたりから、もうほとんど派遣が解禁みたいになっていきますよね。しかし連合が非正規を対象にした部署を作ったのは、やっと2000年代の後半になってからです。なぜかといったら、当初は非正規労働者は「主たる家計の担い手」ではなかったからです。つまり最初は、派遣はだいたい女性でしたから。女性が非正規にされていく分には組合の屋台骨は揺るがないということで取り組まなかったのです。だからといって10年以上放っておくバカがいるかなと思ったんだけれども。考えることといえば組織維持ばかりで、労働組合が何のために自分たちが存在するのかというのを完全に忘れていましたね。

森田　今では、地方自治体で、非正規の人の数が正規の職員の数を越えているところが増えているのが現状です。

斎藤　ああ、やっぱり。

森田　結局、地方公務員たる、きちっとした公務員の自覚を持ち、公務員法を遵守し、公務員の義務を果たさなければならないとしっかりと考えている地方公務員が、市役所で少数になっているのです。

斎藤　そういうことですね。

森田　大多数が派遣です。モラルの低下が憂慮されています。

斎藤　そう思います。もう何年も前に聞いた話ですが、多くの市役所の戸籍事務の現場の実務担当者が全員派遣なんだそうです。それで、その人たちが何年か働いていると、賃金を増やさなきゃならないですよね。今みたいに3年のルールとかないときでも、2、3年経つと当然賃金を上げなければならない。そうなると彼らはみんな同じ一つの派遣会社から派遣されて来ていますから、要するに入札で決めるんですって。それで3年経つと新しい派遣会社に切り替えてしまうという話でした。だからせっかくそれまで熟練してきた人たちが、全員まず首になる。でもそうすると素人ばかりでは仕事が進まないから、その新しく決まった派遣会社が誰を派遣してくるかといったら、今まで働いていた人を、そっちに移して持ってきて同じ仕事を続けさせるのだそうです。でもその人たちは、せっかく3年間かけて積み上げてきた賃金アップの権利が、またゼロベースになるという。こういうことをどこも延々と繰り返そうという感じになっていますね。それでモラルを持てというのも無理な話になってきてしまっています。人間というものを、いったい何だと思っているのか。

森田　ひどい話ですね。

◇青島知事から始まるポピュリズム

森田　そのあとが鈴木俊一都政でした。その途中から東京はおかしくなったのです。

斎藤　途中からですか。途中というのはどういうわけですか。

森田　鈴木は財政再建を掲げて、美濃部に代わってなったのだけれども、最後に自民党が分裂した。

斎藤　都連の自民党がですか？

森田　自民党都連と自民党本部が分裂した。中央本部の実権を小沢一郎が握りました。鈴木俊一都政を潰したい小沢は1991年の都知事選で磯村尚徳《ひさのり》を立てた。

斎藤　ああ、あのとき。

森田　自民党都連は小沢に抵抗して鈴木で勝負した。その時はまだ抵抗派が強かったから、磯村を倒して鈴木が勝った。この自民党の分裂のときに、自民党が持ち込んだのが、いわばマスコミ依存のポピュリズムでした。磯村を出したのはポピュリズムでした。

斎藤　銭湯での三助スタイルの庶民派アピールは最悪でした。

森田　そうそう。それでも磯村は負けてしまうのです。しかし、そのポピュリズムを次に使ったのが青島です。その青島が世界都市博覧会を中止した。公約だからといって。

斎藤　無責任体制の始まりです。

森田　中止の賠償金がものすごい額だったね。ものすごい額の金を使ったはずです。当時私は、テレビで、他に方法があるのではないかと問題提起しました。青島の公約は公約として通すと。そして実際に業者に賠償金を払わずに業者の顔を立てる方法があるのではないかと。だから世界都市博はやめて、例えば「日本都市博」にすれば……などと提案しましたが、ダメでした。

斎藤　スケールダウンしたようなかたち。

森田　都民の税金を無駄遣いすることなく何かやれる方法もあるんじゃないかと言ったんだけども。当時、大島渚が青島と一緒になって、絶対にそれだけは許さないと、頑固に抵抗した。青島は公約にこだわり、世界都市博を中止にしてしまった。何百億円の無駄遣いをしてしまった。ひどいことです。青島都政から東京都がガタガタになった。誰も責任をとらない。どんなに無茶苦茶やっても責任はとらない。

次は石原が出てきた。石原は週に1、2回くらいしか都庁に出てこなくて遊んでいると、都庁内では言われていた。石原は都庁の役人に丸投げした。新銀行東京のような問題あることを、自分の人気取りのためにやった。その結果、東京都はわけのわからない組織になった。そのあげく自分が追及されたら、騙されたという。東京都は伏魔殿だという、その超無責任男を3期にわたってのさばらせた。4選までさせた。

それでその延長に猪瀬が出てくる。猪瀬は腰巾着だ。小泉の腰巾着になり、それから石原の腰巾着になる。私もテレビで一緒に出演したことがありますが、たいした人物ではなかった。それから舛添。彼も自分さえよければいいという人物です。こういう問題のある人物が出てきた。石原、猪瀬、舛添の三人がひどすぎるために、小池が立派に見えるのです。

斎藤　猪瀬さんはノンフィクション作家としては実績のあった方だけに残念です。私もやはり、小池さんは在特会との関係が取り沙汰されたり、ひどい話もいっぱいあるんだけど。でも今はたしかに立派に見えます。でもその石原さんにきちんと責任をとらせられるかどうかが、一つの分かれ目ですよね。それでやはり、彼女が送った質問状に何も知りませんという回答をしてきたとき、石原さんというのはそういう人間だとはわかってはいましたが、本当にこの人は責任をとらないためだったら、どんな恥でも恥と感じないんだなと、改めて思いました。だってあれはつまり都知事の座にありながら、下がやっていることを何も知らなかったっていう、もう無能の証明みたいな話ですから。だからそこのところをちゃんと突かなければいけません。無能であって、しかも週1回か2回しか都庁に来ていなかったことだけをもって、全財産を没収したっていいぐらいじゃないかと思います。

森田　一言で言えば、青島が出てきてからの東京都は、都庁という巨大組織と知事とが分離したと言えます。知事はもっぱらテレビに出る、マスコミに乗る。本来、都知事に限らず、地方自治体というのは首長と議会の両方を住民が直接選ぶ二元代表制ですから、都知事がやるべきことは、政策立案して東京都の職員をきちんと働かせることと、都議会対策をすることと、それから都民に対して選挙が4年に1回ありますから、いかに世論対策をしていくかということなのですが、青島以後は議会対策、都庁対策もほとんどやめてしまって、ただただマスメディアの上に乗って、有権者と直につながるだけになってきました。石原もそうだし、短かったけれど猪瀬もそうだし、舛添もそうでした。私は、小池知事も同じだと思います。

報道を見ていると、小池知事も毎日マスコミに出ています。これで東京大改革といっても、一番大事な、何万人もいる巨大組織の都庁の改革ができるのでしょうか。一番大事なことをせずに、世論対策だけしかやっていないようにしか見えません。議会との関係もきちんとやっていません。対話をしてない。東京都の職員との対話なし、議会との対話もなし。これで本当に改革できるのかと言いたい。

結局、石原が長く続いたのは、「お前ら勝手にやれ、俺がマスコミから守ってやるから」とすべて丸投げしてしまった結果でした。私は小池知事は慎太郎型だと思う。結局メディアを握って、世論操縦していくことだけに熱心です。

現在の小池知事もポピュリズムです。東京は道義の面でガタガタになってしまった。社会党の崩壊、自治労の崩壊。労働組合の崩壊。これが東京を救いのない堕落の泥沼都市にしてしまった。

1943年の東京大改革のときにやった軍事都市東京都以後、この体制を民主主義のオブラートに包んで維持してきた。この結果、巨大な腐敗都市ができあがってしまった。これを断ち切るためには大胆な改革が必要です。それは東京都の大分割です。まず三多摩と23区を分離する。それで23区の独立できるところを「市」として独立させる。ほとんどの区は独立してもいいということになったら、独立するのではないですか。というのは、今の各特別区は奴隷のような存在ですから。東京都の奴隷です。奴隷の独立闘争をすべきです。みんなに呼びかければ、まず市になります。

◇15年ごとに区切られる戦後の歴史

森田　戦後の歴史というのは、ある意味では1945年から1960年までが、いわば一つの周期でした。つまり岸内閣の安保に至るまでです。この時期は国の政治システムを中心に展開した。憲法もできたし。憲法に基づくいろいろな諸法律もできた。安保条約もできた。サンフランシスコ講和条約と国連加盟で国際社会にも復帰した。それで吉田茂、鳩山一郎、岸信介といった戦前型リーダーの時代が、そこで一応の区切りがつけられた。都政で言えば、安井誠一郎の時代です。

それから、どちらかというと戦後派の池田・佐藤の時代に入るのですが。ちょうどその時代の前半が高度成長期。池田内閣。そして1964年のオリンピック。東京都政は東龍太郎都知事。後半は福祉と環境問題、公害対策。この問題で美濃部が出てきて革新都政が始まった。国政では佐藤内閣。しかし、この福祉の時代が石油ショックで粉砕されてしまう。それで大蔵省が財政再建で、国の運営の主導権をとる。この頃、都の財政はかなり逼迫《ひっぱく》しました。1975年までがひと区切りです。

それから1980年代に入って、サッチャー、レーガン革命に呼応するように中曽根が出てきて、競争経済、新自由主義という方向に入る。この方向はおおまかに言うと、だいたい1975年前後から始まっています。だから1945年から1960年。1960年から1975年。1975年からまた新たな時代に入った。それが終わる頃、ソ連邦崩壊、米ソ冷戦構造の終焉。崩壊したのはソ連共産党体制ばかりではありません。中国は1970年代の終わりから、新しい社会主義というか、資本主義的社会主義のほうへ進んでいた。先富論という「先に豊かになれるところから豊かになっていけ」という改革開放路線です。

それで日本はその世界状況の中に、いわば揺すぶられながら入っていくという時代になっていった。やはりアメリカとの支配従属関係が、安保だけではなくて、経済・政治にわたるすべての領域に入ってきた。アメリカの支配がどんどんどんきつくなるという状況になった。しかし逆に、日本国民の中から、日本がアメリカに従属しているという意識が欠如してくるということも並行して起こった時代です。それに便乗するかたちで、アメリカの支配が強まってくるというのがその後の展開のように思いますね。

やはり、1980年代のレーガン、サッチャー、中曽根の新しい新自由主義革命が大きかった。これで、「自分さえよければよい」思想が世界中に広がった。そして、1990年以降は、前半はソ連邦の崩壊でアメリカの大進出が始まって、それでついに後半にはブッシュが出てきて中東で戦争を始めた。21世紀に入るとともに世界は戦争の時代に入った。しかしその戦争の時代に世界中がくたびれ果ててくる。アメリカがくたびれてきた状況が今の状況でね。

そこで〝トランプ革命〟が起きた。アメリカは「自国の利益第一主義」で動き始めた。トランプが暴走すれば、世界は大混乱期に突入します。新しい時代が展開しつつあるというのが今の時代だということです。

その間、東京都政のほうは、美濃部が終わった後、国内で支配的な勢力になった大蔵省の財政再建路線。それから今は総務省になった自治官僚の地方支配路線の上に立って鈴木俊一が出てきた。そして鈴木が終わるとともに今度はマスコミが主導権を握って、タレント知事を作る時代になる。青島、石原、猪瀬、舛添、それに小池が今も続いているわけです。

斎藤　みんなタレント。テレビ有名人かどうかということが、すべてを決してしまう。本人たち以上に、そんなものにこぞって投票する有権者の責任もあまりに大きい。万死に値するとさえ、私は思っています。

森田　つまりマスコミ政権です。だからパフォーマンスだけで中身がない。今の無責任な状況が続いていく恐れ大です。しかし、このまま放置はできません。小池的なパフォーマンスだけの表面的な東京大改革でなく、真の道徳を含めた東京都政大改革に着手すべきです。

第3章

2020年東京五輪の無責任

◈東京オリンピック・パラリンピックの費用肥大化問題

斎藤　２０２０年の東京オリンピック・パラリンピックのための総費用が1兆６０００億円から1兆８０００億円になるという報道が２０１６年末にされました。立候補時の当初予算が７３４０億円で、うち組織委員会負担の運営費が３０１３億円となっていました。２０１３年9月にブエノスアイレスの最終選考会で決まった頃は「コンパクト五輪」にするとか言っていたのに、それが２０１６年9月29日発表の都政改革本部（小池都知事が本部長）が出した試算では3兆円を超えるかもしれないという。その後、組織委員会事務総長の武藤敏郎が2兆円を切れると下方修正したり、金額がコロコロ変わりすぎる。２０１６年5月のＴＢＳの番組で、組織委員会会長の森喜朗さんが「そもそも３０００億円の予算に最初から無理があった。５０００億円くらいになると思う」と述べたり、当初からあまりと言えばいい加減な報告がなされていた。

調べてみると、もともと立候補ファイルに記載する予算には、周辺施設の整備費だとか、関連予算などは除いた金額を記載するというお約束になっているようで、だから日本経済新聞などは当初から2~3兆円に膨らむと予想していたらしいですが、都民にはそういう基本的なことも伝わっていないことが問題です。これはマスコミの問題でもありますが。

森田　無責任、これが主流になってます。そして自分さえよければいいという。私は小池都知事も、根本は自分さえよければよいだと思います。自分さえよければ思想でなければ、あんなにね、400億円縮めたんだ、とお経のようには言わないです。他の人がやったって減るんだから、あのぐらいなら。

斎藤　無責任が政治の〝王道〟になってしまっています。今のこの国では。

森田　1964年の東京オリンピックの時は、みんながなぜ燃えたかというと、つまり戦争をして日本は沈没した。それで国連加盟でやっと国際社会の一員に名前だけは戻ることができた。ここでオリンピックを成功させることを通じて、やはり世界の国々の人々に来てもらって、復興した日本を見てもらい、日本も世界の仲間だと認識してもらうという、そういう大義名分がありました。みんな一生懸命になったのです。それが今度は、そういう理想というか、夢というかそういうものがない。石原がオリンピック、オリンピックと初めから言っていたのは、石原が選挙で勝ちたいためではないかと、多くの都民は疑っていました。石原は自分さえよければ主義に基づいてオリンピックを利用しようとしているという疑念が当初から報道されて、書かれていた。私は、この報道は的を射ていたと思います。要するに今度の２０２０年のオリンピックには理想がないのです。

斎藤　何もありません。２０１１年の7月に東京都は正式に立候補したわけですが、表向きは東日本大震災の復興オリンピックにするんだと強調していましたね。ＪＯＣの竹田恒和会長が石原さんや福島県知事と会談して、しきりに働きかけ、東京商工会議所が東京都に立候補を積極的に進めるよう求める文書を提出しました。震災を利用して誘致にもっていったということです。

森田　それで、先ほど斎藤さんが言われた２０１３年9月に、安倍首相がブエノスアイレスへ行って演説をして、福島は完全に「アンダーコントロールされている」とひどい嘘をつきましたが、あれも自分の人気取りです。みんなそうです。だからそこになんの理想があるの?ということです。つまり今度の２０２０年オリンピックを通じて、日本はどんなことを世界に対して貢献するのかというのがないのです。ですからある時期までは東京都の堕落腐敗は汚職というのが主流だったのですが、今は無責任が主流です。

斎藤　どこまで堕ちれば気が済むのか。２０２０年の東京誘致を進めると決定したときはまだ民主党政権でしたが、２０１２年12月の第2次安倍内閣以降、今度は安倍さんがそれを自分のために利用したということですね。

東京都は結局リオで開催された2016年のオリンピックにも立候補していたわけですが、2009年10月の第2回目の投票で落選しました。石原都政のときです。このときもひどかったですよ。東京都は《競技会場の七割は今ある会場を使います》とアピールしていた。それがその後のPRパンフレットでは「会場」が「施設」に改められていたのですが、とにかく、IOCに出した立候補ファイルにしても、世間向けの公約でも、「環境にやさしい五輪」だとしきりにPRしていた。だからできるだけ既存施設を使うのですという言い方をしていました。だけど、既存施設といったって、それはすべてが元々オリンピック用に作られたものではないし、普通の都民のレクリエーション用に作られているものもあったのだから、そのまま使えるわけではなくて、ということは建て替えなきゃならないんですね。ではどうやって建て替えるかといったら、建物があってプールがあったとすると、プールだけを取り替えるというのでさえなくて、全部壊しちゃうんですよね。全部壊して更地にして一から建てる。これって世間の常識では既存施設といわないじゃないですかと、私は2009年5月に東京都に直接聞きに行ったのです。「七割は今ある会場を使う」という説明の根拠を教えてくださいと。そうしたら「屁理屈ではありますが、立候補ファイルには既存『施設』ではなく、既存『会場』と書いてあるでしょう？　施設をそのまま使うとは言っていません」と。「説明不足と言われれば、当たっているというふうには思いますけど、まあ見解の相違というか」と、これもまた恐ろしく無責任な言葉です。さすがは石原さんの家来どもだと、つくづく呆れました。

森田　２０２０年のオリンピックのために江東区に作る有明アリーナの敷地は、平らな地面です。何もないのです。建てるだけでいいんです。埋立地が相当あって、広大な広場があるのです。残っているのは競技場を建てることだけです。小池知事が今引き延ばしていますが、実際に延ばせば延ばすほど資材費は上がっていく、労働賃金は上がっていく。そして建設の日程が詰まってくればさらに上がっていくことが心配されています。小池は自分の野心のために引き延ばしているのです。

公明党のあるベテラン幹部に会ったら、我々は小池とは手を結びませんと言っていました。自民党とは手を切りますという。なぜならば今の状況は、森と小池の新たな利権競争だと我々は見ていますから、小池とべったりになることはありません、もちろん森ともべったりにはならない、独自の道を進みます、と。ただ、今、自民党があまりにひどすぎるから距離感は小池のほうに近づいているように見えますが、両派の利権争いとは一線を画します、と。

小池側近の都政改革本部というのは相当曲者《くせもの》集団だと思いますよ。それで新たな利権が発生するような気がします。

私が建設業界の人たちに聞くと、本当は都からの仕事はじつは全部やりたくないと言うのです。というのは今、公共事業は損をするのです。だから民間で事業をしていきたいと言っています。今度の豊洲も、最初の入札には誰も加わらなかったそうです。それで都が猛烈に業者を説得した。入札に加わらないと今後付き合わないぞと脅しまでして、組み入れたという話を耳にしています。企業にとってはものすごい出血だそうです。本当に、これは何か起こりますよ。だから小池が何をするか、注意深く見ていたほうがいいと思います。

◇無責任都政を定着させた石原慎太郎

斎藤　石原さんは2009年に、その2016年オリンピック招致のために、IOCのジャック・ロゲ会長に手紙を出しています。それはIOCに提出する資料の中に載っているので見られるので、それを見てみると本当にひどい内容なのです。要するに我が国は戦後平和憲法で、戦争を否定してここまできましたと。だから平和の国なので、ぜひ我が国でやらせて

ください と書かれているんだけど、普段言っていることと全然違うじゃないかという話です。2005年に『週刊ポスト』のインタビューでは、今の日本の若者ばかりか大人さえもだめなのはどうしてですかと聞かれて、石原さんは「端的に言うと、60年間戦争がなかったからです」と答えていたんですよ。ちょっと引用しますね。

《端的に言うと、60年間戦争がなかったからですよ。戦争がないのは有り難いことだけど、つまり国や社会全体が緊張した瞬間が一度もなかった。オリンピックで勝ちたいとか、勝たせたいとか期待したことはあるけれど、そんなものは知れている。国全体が緊張したことはまったくない。乱暴な言い方になるが、「勝つ高揚感」を一番感じるのは、スポーツなどではなく戦争だ。北朝鮮でノドンが開発されたと聞いたとき、私は「いいじゃないか。一発日本に落ちたらいいんだ」と思った。もしそんな事態になったら、日本人は自分たちの希薄さにすぐに気がつくはずですよ。》(『週刊ポスト』2005年1月14日・21日合併号)

その直後、今度はイギリスの名門紙『Times』も石原さんのところに取材にきているのですが、その際には「領土を守るためなら、1982年にお国(英国)とアルゼンチンが戦ったフォークランド(マルビナス)紛争のような小規模な戦争も辞さない」と発言しています。それとオリンピックのロゲ会長宛ての手紙というのは、とにかく言っていることにひたすら無責任で、ご都合主義で、こういう文化があの人によって定着してしまったということなのではないか。つまり単に石原一人の個性というよりは、東京都というのはそういうもので、日本全体もそういうことだというふうに。この間、小泉純一郎首相もそうだったけれども、そういうふうに社会ができあがり、国民・都民もそのように教育されてしまったというふうに思いますね。彼らの辞書に〝責任〟という言葉はない。

森田　これは、衆議院議員を3期務めたKという人から聞いたのですが、彼は慶応出身で、石原裕次郎と非常に仲が良かった人でした。政治的にも個人的にも慎太郎ともすごく親しくて、密接に付き合っていたのです。それであるとき話していたら、彼はこう言っていました。石原家の善なるものをすべて相続していったのが裕次郎で、石原家の悪なるものを全部相続していったのが慎太郎だったと。慎太郎はもう意地悪だし、人を疑うし、ケチだし、性格が悪くてどうしようもない人間だが、裕次郎はまったくの善人で、頼まれたらイヤとは言えない性格で全部引き受ける。自己犠牲のかたまりみたいな人で、欲しいものを自分のものにしてしまうようなこともない。本当の善人だったと。裕次郎は早く死んだこともあって、みんなが良く言っていた。かなり立派な人物だったそうです。桁違いの好人物だったようです。裕次郎に比べると慎太郎は桁違いにイヤなやつだとKさんは言っていました。

斎藤　両方と付き合った人がそう言っていたということですね（笑）。

森田　そのK氏は、誠実で真っ直ぐな人物で、嘘をつくような人ではなかった。

斎藤　石原都知事は東京から日本を変えると言ったけど、私はある意味、本当にその通りになったんだと思うのです。どういうことかと言うと、小泉さんが新自由主義的な構造改革を進め、それが階層間の格差を広げて今に至っているわけですが、それと同じで、小泉政権誕生の2年前に都知事になった石原さんが、東京から日本を変えるんだということを最初からしきりに言っていた。何をでかいことを、ほら吹きめというような印象もあっただろうけど、私はそれは石原さん自身の意思とはまた別の意味でその通りだとずっと思っていました。要するに石原さんは、日本をリードするという意味で言っているんだろうけど、私が言うのはそうではなくて。国は構造改革を進めますよね。構造改革を進めると、もう間違いなく格差が広がるわけですよ。私が『機会不平等』（岩波現代文庫）などで書いてきたように。

結局、元々誰しも生まれた家庭環境にしろ出生地にしろ個々の条件は異なっています。だからスタートラインは同じではないわけです。たとえば小さいときに両親が死んでしまって、施設に預けられて育った子は、義務教育が終われば容易に上の学校には進めないだろうし。上の学校に進めなければ仕事だってなかなか思うようにいかない。今だったらなおさらです。

仕事にありつけても派遣しかない。要するにスタートラインが違う。平均的なスタートラインがここだとしたら、人によってはそれより100メートルも後ろからスタートさせられているわけです。

そんな人間が少なくない一方で、安倍さんみたいな人間は、家柄だけで総理にまでなれてしまう。そういう人間は言ってみれば、100メートル競走にたとえると、スタートラインから99メートル最初からただでもらって、1メートル走ればもうゴールインみたいな感じでしょう。条件が、元々全然違うわけですよね。そこに市場原理だ、教育改革だ、雇用改革だなんて言いだして、正社員にはなれなくて、派遣社員になって、入社の時点から待遇に差を、身分に差をつけられてしまうと、元々100メートル後ろからスタートさせられていた子が、1キロ後ろからスタートさせられることになり、99メートルただでもらっていた子はさらに99センチももらって、あと1センチ走ればいいというぐらい、それほど差が広がるわけですよね。

だから結果として、格差は確実に拡大する。すると、今しきりに言われているように、弱い立場になったものが、より弱いものをいじめることで自分の内面を保とうとするから、こういう差別的な世の中に世界中がなっていくわけでしょう。だけど、とはいうものの小泉さんの前ぐらいまでその構造改革は、政治がやろうと思ってもあまり無茶なことはできなかった。政治家の中にも役人の中にも真っ当な人はいるから。それで案外進まないということもあったわけです。

ところが石原都知事の場合は、先ほど挙げた元都庁の職員の手紙にあるように、そういう市場原理だとか新自由主義だとかいうようなことはとりあえず全然考えずに、とにかく差別したいというのが根幹にある。弱いものをいたぶりたいという、あの人の差別主義者そのものの発想を政治に具現させたものが石原都政だったと私は断言したい。とにかくまず差別するために、差別的な待遇を人間に与えるためには何をしたらよいというところから始まるから、最初からそっちが目的になってしまっている。当然、格差拡大のスピードは速いわけです。日本全体の構造改革が進まないなんてよく言っていたけど、石原が都知事になってからは、都はそんなことはお構いなしに進めることができた。どんどん福祉は切り捨てるし、教育だって例えば品川区をはじめとして、学校選択制で学区に関係なく越境が好きなようにできるようにしたり、中高一貫校だとか、要は恵まれた立場の子がより有利になるという施策を早くからやっていたわけでしょう。いい悪いを一切別にして言うと、東京が日本を本当に引っ張っちゃったんですよ。

◇2020年五輪招致の狂態

斎藤　2020年の東京五輪は、先ほども言ったように、「震災復興」が招致のための体《てい》のいい口実に利用されたわけですが、そもそも3・11の被災者や被曝者が何らの展望も抱けずにいる中で、お祭り騒ぎに乱費するお金があったら、せめて国家と巨大資本のために人生を狂わせられた人々に回すのが人の道だと、私は思います。

先ほど森田さんがおっしゃったように、安倍首相がブエノスアイレスで最終のプレゼンをして、「アンダーコントロール」なんてすべて大嘘をついて、「なにもなかったことにする」宣言をしたわけです。それをまたIOCはIOCで、おそらくはというか、まず間違いなく追認したわけですよ。原発が事故を起こしたからってどうしたと。そんなもの、下々《しもじも》がどんな目に遭おうが、どうだっていいじゃないか、我々は潤っているのだからという開き直りを、国際貴族社会として見せたかったんじゃないか。だからことさらに、あえて東京にしたのかもしれないとさえ思いました。そういう思惑はどっちにしたって想像の域を出ないけれども。

そもそも今、東京でオリンピックをやらなければいけない必然性がまったくなく、やらなきゃならないどころか、やってはならない時期だと思うのですよ。いろいろな意味で。原発だって実際いまだに収拾がついてないし、甲状腺癌が増える一方だと報告されているのを、そうやって嘘八百でもって、ＩＯＣ側の思惑はどうあれ、まるめこんで強行したことは犯罪そのものだと思います。

これまでトラブルだけでもたくさんありました。エンブレムの問題があったり、新国立競技場の計画変更、設計のし直しがあったり。ようやくデザインを決めたら、今度は聖火台を作るところを忘れたり。あまりにも低次元というか、そもそもオリンピックをやる資格もなければ能力もないんじゃないかという話が続出しています。

そして今ではオリンピックを大義名分にすれば何でもできるということで進めていますよね。オリンピックのための公共事業はすでにもうすごいから、肝心の東北の復興のほうがこれからどんどん手が足りなくなってくるでしょう。資材も高騰していくだろうし。そういうことをまったく無視して強行していく。そこのところは石原さんのときと流れは一緒だろうと思いますけど、ただただ国威発揚ですよね。国威発揚と、よく言えば内需の喚起ということなんだろうけど。ＧＤＰの数字だけを考えて。

それで今度、自民党が総裁任期を2期6年から3期9年に変更しました。だからその通りにいけば安倍さんが２０２０年のオリンピックのときまで首相でいられることになるわけです。２０２０年を目途にいろいろな安倍首相の野望を進めていく。オリンピックを大義名分にさえすれば、たいがいのことはできてしまう。このオリンピックをひとつの結節点として、これからあらゆることが進められていくでしょう。テロ対策を口実に構築されるハイパー監視社会が、東京五輪を冷ややかに見つめている、安倍政権に無条件では服従したくない「非国民」たちをあぶり出していくことになります。

森田　悪くすると「民族の祭典」になってしまう。１９３６年のベルリン・オリンピックのことです。オリンピックの名のもとに、ヒットラーが国威発揚に利用した。私たちの世代は戦前、『民族の祭典』という映画を、映画館に連れていかれて何度も何度も観させられた。

斎藤　実際に今、小中学校では、オリンピック・パラリンピック教育というのが義務づけられています。週に1時間はオリンピック・パラリンピック教育を行えと命じられている。でももちろんそんなにやることがないから、普通の授業をやってもいいと、しかし必ずオリンピックについて触れろという指示が出ているのだそうです。これはかなり恐ろしいことではないでしょうか。何もかもを国家に収斂《しゅうれん》させていく価値観の刷り込みです。

森田　だからよほど国民がしっかりしてないと、形を変えた民族の祭典になる可能性が大です。今、民族主義がはびこっていますから。

◈大手新聞がすべてオリンピックのオフィシャル・パートナー

斎藤　今、朝日、読売、毎日、日本経済の大手全国紙4紙が揃って、2020年東京五輪の「オフィシャル・パートナー」になっているのですよ。国内のスポンサーとしては、最上位の「ゴールドパートナー」に次ぐ格付けで、契約には約60億円の拠出金を求められるのですが、今回、IOCが「1業種1社」の原則に特例を認めたために4社で相乗りで、合わせて60億円ということになったといいます。平均すれば1社当たり15億円でいい。

だからこれは、諸外国の例はちょっとわからないけれども、もはや大手紙は東京オリンピックに臨んで報道機関じゃなくて当事者になってしまっているわけです。それで批判なんかできるはずがない。オリンピック開催そのものについてはもちろん、オリンピックを口実としたさまざまな無茶な公共事業だとか監視社会だとか、テロ対策だとかの批判も無理。商売を最優先して、ジャーナリズムのアイデンティティを放棄してしまった。

森田　みんな腰抜けになってしまっている。

斎藤　さらに、先ほどもちょっと触れましたが、新聞の軽減税率の問題があります。この軽減税率は２０１５年12月24日に閣議決定されました。要は、消費税をついに10パーセントにするときに、酒類と外食を除く飲食料品と新聞だけは８パーセントに据え置くという特別措置で、その先も15パーセント、20パーセントになるときも、とにかく他のものとは異なる特別扱いをすると決まったわけですね。じつは消費税が導入された１９８９年当時から、ずっと日本新聞協会が自民党税調に訴えてきたことなのです。その理屈は新聞は活字文化の中心で、日本国民の知性の源だから、消費税増税によって活字離れが進んでいけば日本人の知性は地に堕ちる、ひいては国力の低下につながるから、特別扱いしてちょうだいということです。長年こうやって陳情してきたわけですが、今までは顧みてもらえなかったのに、今回は認めてもらった。

その際に新聞協会が必ず引き合いに出すのはヨーロッパ、とくにイギリスの新聞の歴史です。イギリスの新聞はゼロ税率なんです。軽減どころかゼロ。新聞、出版、あらゆる出版物は。それは、もともと新聞というものが台頭した18世紀に、当時のイギリス政府がジャーナリズムをすごく恐れたのだそうです。その新聞、ジャーナリズムの影響で民衆が賢くなることをね。だからいろいろ意地悪をして、当時の印紙税だとかそういうものを使って、ことさら重税を課した歴史があるわけです。新聞社の経済的な基盤を弱らせようとした。それに対して市民が立ち上がって、結局1世紀半ぐらいにわたって抵抗の歴史を続け、その間には何百人という人が投獄されたりして、そしてようやく勝ち得たのがゼロ税率だったという歴史があるわけですよ。

ところが、日本の新聞は、そんなことは一切抜きに、読者は誰も支持してくれていないのにもかかわらず、ただ自民党にすりよっておねだりし続けてきた。もちろん、新聞協会の主張には、傲慢だということをのぞけば、一定の理屈はあると思います。私も活字の業界の人間ですから、これ以上日本人の活字離れが進んで新聞社がバタバタ潰れたりすると困るとは思うし、実際に日本人はネットに操られるだけの生き物になってしまう。だけど、それはやっぱり読者がそれを認めてくれて、読者が応援してくれてはじめて陳情するなりできることだと思うんです。

それで去年、一昨年あたり、安倍さんと新聞業界の幹部たちがさんざん会食を重ねていますね。新聞の三面とか五面に載っている「首相動静」のような短い記事を見ているとわかります。首相は今日誰に何時に会ったとか。あれを見ているとわかるわけです。これほど頻繁に新聞業界のトップたちと会っている総理大臣は過去にいなかった。内閣記者会との懇談などはあるにしても、年がら年中新聞社のトップと酒席を共にするなんていう首相はこれまでいなかった。そういう動静は各社の新聞に毎日のように載っているのだけど、それをまとめてこういう問題があると提示するメディアがないわけです。『赤旗』なんかがときどき記事にするから、ネットで拡散されて、知っている人は知っている話ではありますが、大手の新聞やテレビ自身が取り上げることはない。つまり自分の恥ずかしい話だから追及しない。そこで何が話し合われたかというと、オープンにはなっていないけれども、それは当然、軽減税率のことですよね。

じつは、国会でも、このことが取り上げられて、それが2015年の暮れに決まって、2016年の3月ぐらいまでの間に、なんと30回ぐらいの質問が出ているのです。民進党の福島伸享《のぶゆき》という経産省出身の衆院議員や、おおさか維新の会の丸山穂高衆院議員といった人たちが、とくに熱心でした。ところが30回くらいにわたるそういう関係の質問が、新聞記事になったことは一度もない。

よく国会抄録といって、今日は予算委員会で、誰が質問に立って、だいたいこんな質疑がありましたなんて、ざっと載るときがありますよね。あれでもその議員の質疑があったことは載っているのだけれど、最も力を入れた軽減税率のところだけがネグられてるとかね。これで裏取引じゃないと言い逃れるのには無理がありすぎるのではないでしょうか。その中心にいたのがまたナベツネだったりする。新聞社側が、だからそこまで裏取引をしてでもまけて欲しいという気持ちは、それはいい悪いは別にすればわかります。では、どうしてそれに安倍政権が乗ったかといったら、これは、国会の答弁では新聞協会の理屈が正しいからだとしか言ってないんだけれども、でも、それでは絶対に説明できない。これは普通、常識的に考えて、軽減税率の陳情があったときに、政治家は何か見返りを求めるでしょう。普通だったら献金であったり、役人ならば天下りであったりするけれど、新聞社に求める見返りとして最もあり得るのは、紙面でしょう。認めてやるから政権に都合のいい〝報道〟を心がけろよというような話になってくる。私が安倍さんだったら絶対にそうします。

だから安倍首相がこれを受け入れたのは、まず間違いなく、憲法改正のために新聞をおとなしくさせておくことが目的だろうと思います。しかも、今度この消費税増税が当初予定より2年半延期されて、もともとは2017年4月からだったのが、2019年10月になりました。ということは軽減税率の適用も2年半遅れたわけです。つまり新聞がおとなしい期間というのが延びた。ですから、この間にますます憲法改正の道筋ができてしまうということです。

マスコミ批判で、私が一番言いたいのはそのことなんですよ。2019年10月でしょう。それで次の年がオリンピックでしょう。新聞の軽減税率もまた、このオリンピックを目途にあらゆることを進めていくという流れの一環なのです。

しかも、大手4社がこんなオフィシャルパートナーとかになってしまって、報道機関であることを自ら放棄しているという嘆かわしい現状。今や国ぐるみで安倍政権のやりたい放題を進める方向になってしまっているということですね。政、官、財はもちろん、チェック機能であるべきジャーナリズムまでが。辛くて悲しくてなりません。

◇電通バッシングで政府は電通を一層コントロールする

森田　オリンピックにまた電通が絡むんでしょう。どうなるんだろうね。本当に電通は力があるからね。独裁ですね。

斎藤　しかし、この電通という巨大組織の腐敗がいま大きく取りざたされています。高橋まつりさんの過労自殺の件で、厚生労働省の強制捜査が入りました。幹部社員の一人が書類送検されて、石井直《ただし》社長が辞任した。

森田　この巨大組織の腐敗、堕落ね。電通には、巨大な権力がありながら、人間を大事にするという精神がない。非人間的な労働政策をとっていた。

最近、私は労働省を厚生省と合併させて潰してしまったことを問題にしています。もう一度労働省を復活させて、昔の労働基準局を復活させてほしいと説いて回っています。今回の事件を蟻の一穴《いっけつ》にして、電通の解体に着手すべきだと思う。東京都と電通の解体が日本の出発点になる。

最近、私はあるテレビ局から声がかかり、月1回レギュラー解説者の出演を依頼されました。1回目と2回目に安倍首相を厳しく批判したところ、打ち切りとなりました。私はクビになった。これがテレビの現状です。この頂点に電通がいる。

2回目終了直後に「もう結構ですから」と通告された。安倍批判をみんな恐れている。安倍自身がものすごく神経質な男なんじゃないか。あの国会のヤジに対する反応を見ていて、ああ弱いやつだなと思う。ヤジなんていうのは、我々、学生運動でも、ギャーギャーヤジの中でやりまくるのが普通だった。ヤジがうるさいとか言ったら負けなんです。みんなそれで鍛え上げられてね、ヤジなんかには負けないぞってやっていた。しかし安倍の場合には、ヤジだからしゃべれないっていう。それをまた叩かないマスコミもだらしない。

結局、今回も、電通を過労死の問題で脅かして、それでまた電通が政府に従順になるでしょうね。

斎藤 以前は権力に逆らうようなところもあったのですか。

森田 郵政民営化で、あれだけ電通は政治的にひどいことをやったと騒がれたから、少しずつ少しずつ政治的に中立を装ってきていた面はありますよ。

斎藤 なるほど。装う感じに。

森田 言うことを聞かなくなってきていたんですよ。それで今度の脅しで、また言うことを聞くようになるんじゃないですかね。

斎藤 今、テレビや新聞の広告収入は、2000年頃の半分くらいなんですよね。かつ、それよりもっと恐ろしいのが、電通系の電通総研というシンクタンクが2015年3月に実施したアンケート調査です。どういうメディアを頼りにしているかという質問に、今の40歳代くらいを境にして、それより若い層では、新聞とかテレビは全然信用されていないという結果が出たんですね。では代わりに何を頼りにしてるのだといったら、ネットニュース。ネットニュースならまだましなくらいで、SNSとか例のキュレーションサイト（まとめサイト）を重視するという声がものすごく多い。取材も何もしていないデマみたいなものばかりが〝情報源〟として読まれている。今の40歳ぐらいでちょうど境なので、ということはもうちょっと経てば、年をとっている人はだんだん第一線から退いていくわけだから、ネットしか見ないという人だらけになるということです。たしかに今のマスコミもひどいけど、もっとでたらめな情報だけがまかり通るということになる。ということで既存メディアの落ち込みも、貧すれば鈍するで、金のためならなんでもやるっていう感じになってきそうです。

森田　とくにね、新聞社と系列テレビ局の関係が逆転して、今はテレビ局から新聞社に補助金を与えている。それで新聞社は収支のつじつまを合わせているわけです。テレビのほうが強くなってしまった。民放テレビは100パーセント電通の支配下なんです。というのは収入が全部広告ですから。

斎藤　テレビに販売収入というのはありませんからね。広告がすべてと言っていい。

森田　昔から電通、博報堂って言われていましたが、電通が圧倒的です。電通はものすごい力です。小泉純一郎首相は郵政民営化のために電通を使った。政府が使って成功してしまったから強くなった。

2005年の郵政解散のときに、私はテレビの生出演で「小泉総理は郵政民営化法案が参議院で否決されたからといって衆議院を解散した。これは行政府が国権の最高機関である国会を否定する行為であり、解散権の乱用以外の何物でもない。そもそも郵政民営化の正体はアメリカに郵貯かんぽを差し出す売国的行為だ」と厳しく批判しました。その直後、官邸からテレビ局にクレームが入ったことを情報通から知らされました。この日を境に、私にテレビ出演のオファーが来なくなった。

また当時、私の耳に「アメリカの保険業界の意向を受けたアメリカの広告大手が5000億円で電通を動かして、郵政民営化に関するマスコミの報道を監視させている」という情報が入りました。米政府の内部、具体的には当時のチェイニー副大統領の周辺に知人のいる日本人に調べてもらったところ、「電通がアメリカ共和党政権に米国の巨大広告会社を通して動かされているのは確かなようだ。しかし金額が違う。広告の相場は想定利益の0・5パーセントだ。郵政民営化は360兆円の利益が見込めるから、相場なら1・9兆円、最低でもその半分の9000億円は動いているはずだ」ということでした。

その後、郵政選挙の真っ最中に小泉総理がパーソン・マーステラ社の社長と会談したというニュースがあり、「やっぱり」と思ったものです。同社はアメリカの広告大手で、電通と共同出資の子会社を持っていました。

この情報を私はネットに書き込み、電通批判を開始しました。すると、TBS、日テレ、テレ朝の個人的に親しいアシスタント・ディレクターたちから手紙が来ました。いずれも「政権批判だけならばテレビに復帰できる可能性もありましたが、電通批判をしてしまったら、二度とテレビに復帰することはできません。残念ながらこれでさようならです」という内容でした。

郵政民営化のときは、本当にひどかった。ニュースの読み方まで電通が干渉していたそうです。

斎藤 ニュースの読み方までというのはどういうことですか。

森田 アナウンサーがニュースを読むときの読み方が、中立的な読み方ではダメだと。反対意見もたくさんあるんだという読み方はするな、郵政民営化は、まったくの善なるものだという読み方をしろということを電通を通じて指令があったらしいのです。

テレビに出てくる解説者というのは、テレビ局のプロデューサー、ディレクター、それからその上の報道局長、社長。彼らが決めているのです。だから、電通や自民党から文句を言われるような人間を出したら大変だというんで、局内の権力追随で、すぐに出られなくなるのです。政権を批判する人間は排除されます。テレビの視聴者は中立的な人間が解説者として出てきているように思っているかもしれませんが、実際は出演者は完全に政府のコントロールのもとに置かれているのです。

斎藤　以前はどうだったんですか。１９９０年代に森田さんがテレビに頻繁に出ていらした頃は、必ずしもそういうわけではなかったのか、どうなのか。

森田　私は１９７０年代末から時々テレビに出演していましたが、頻繁に出演するようになったのは、１９８０年代後半です。それから小泉純一郎の郵政民営化に反対してパージされるまで約20年間、テレビの仕事をしました。政府与党がマスコミに干渉するようになったのは、１９９３年の椿事件以後です。当時のテレビ朝日の椿報道局長の発言がけしからんというので放送免許の取り消しをちらつかせて政府がテレ朝を恫喝した事件で、あれがものすごく悪い影響を与えました。細川政権は我々が作ったと、まあよくも言ったと思うんだけども。あれでバーッと自民党の巻き返しが厳しくなって、自民党を批判する者はもう追い出すということになりました。私は小泉までは粘っていたんだけれども、郵政民営化解散のときに一気にやられてしまった。「めざましテレビ」に出ていた頃は、私のコーナーは、十何パーセントの視聴率をとっていたから、視聴率が私を守ってくれていたのかもしれません。

小泉が郵政解散をした翌朝、これはまったくの偶然なんですが、生番組に出たのです。その頃はすでに生番組には私を出さないということになっていて、出るときはすべてビデオ録画になっていました。1時間撮って、いちばんどうでもいい発言を選んで30秒ぐらい放送するという感じになっていた。こっちも、自分から断るより相手に切らせようという気持ちがあったから、それでも続けていたんだけれども。２００５年8月8日に小泉が衆議院を解散した。翌8月9日の朝、久しぶりに生出演したのです。その時は、フジテレビ側は私に監視役をつけて、別の解説者を、私と同席させていました。それで私が言った発言に対して、キャスターがその別の解説者を必ず指名して、彼が私の発言を否定するというのをずっとやっていました。いやらしいなと思って、時々怒鳴りつけたりしたこともありました。そのとき、郵政解散は権力の過剰行使だと、小泉を手厳しく批判した。それが中央の東京の地上波出演の最後になりました。

斎藤　それ以後は、地上波では関西テレビですか。東京のキー局でなければ、まだしも……。

森田　その後は関西テレビでやっていました。6年半ぐらいやりました。あとは最近の2回のMXテレビ出演で完全に終わりました。テレビの側から見ると、電通支配はものすごく大きいです。

第4章

小池劇場に騙されるな！

◈都議会vs.都知事

斎藤　週刊誌等では都議会のドンと呼ばれている内田茂氏のことがよく取り沙汰されますが、ああいうのはどういう存在なのですか。

森田　地方議会のほとんどがボス支配です。どこにも長い経歴の議員がいる。その中でボスになる議員が出てくる。若くていきがよくて、票をとれそうな地方議員にとっては、地方議会は代議士への一つの踏み台です。ところが、国会議員への道が狭く、長く地方議員を続けている議員の中で力のある議員が地方のボスになる。だから地方のボスというのはどこにもいる。しかし、東京都の場合には、内田が都議会のボスになった。内田の指導力は強く、みんな子分のごとく従ってしまうのです。だからここに東京都議会自民党の恐るべき体質があるのです。地方ではボスがいても造反する人間が出るものです。

斎藤　東京ではそれが出なかった、と。

森田　それがほとんど出ていない。内田っていう人物は、相当力がある人物なんだなと最近感じたのは、中学出か高校中退のような、社会を学校にして生きてきた人間が、たくましいのです。経営者でも芸能人でもそういう人がたくましい。政治家で言えば、田中角栄です。内田もそうでしょう。

斎藤　周囲はみんないいとこのお坊ちゃまばかりですし。

森田　そう。しかも内田は経歴の中に20年ぐらい空白があるようです。その空白について何も言わないのは、明らかにできない事情があるのではないかという説がある。そうするとね、普通の人が経験しないことをいろいろやってきてるってことなんでしょう。人間の弱みだとかそういうのをよく見てきた。だから生活の知恵があるのです。知識がなくても生活の知恵があるから、指導力がある。みんなを抑え込む力があるのです。そういうたくましいのがいると、とくに東京都のような、ごますり体質が強いところは、そして造反者の出にくいところは、独裁者が出やすい。内田のような人物が長い支配を続けるのです。その上、石原と組んだ。石原にとっても都合がよかった。そういう人物と組めば。

斎藤　石原さんは自分を立ててくれさえすれば、あとはどうなろうと野となれ山となれ。石原さんから無責任を引いたら何も残らない。

森田　だから東京都の役人たちと、東京都議会、自民党の内田たちが、石原に、東京都のことは自分たちに任せろと。それであんたの顔を立ててやる。あとはいろいろな利益も、保障してやるということで石原と内田の分業が成り立ったと言うべきでしょう。それで巨大な無責任・腐敗体質ができあがってしまったのですね。

斎藤　最悪のコンビだった。

森田　私は新聞は日刊紙はほとんど目を通していますが、この驚くべき東京都の無責任体質を叩いてきたところはない。豊洲問題でも真実を知らないと石原はじめ都庁幹部みんなが言っている。知らないっていうのはどう考えてもおかしい。一度も豊洲に見に行かずに、書類も読まずにハンを押したから知らないなどという話を平然と言っている幹部がいる。それがちょっとの減給で、身をかわしてしまっている。しかも小池もそれでいいって言っている。この驚くべき無責任。つまり彼らのほとんどは役人の中のキャリア組でしょう。このとんでもない責任感の空白、頭脳の空白。これを叩いている新聞がない。

斎藤　ありませんね。新聞はもう権力のヨイショしかできなくなっている。

森田　これが深刻ですよ。

斎藤　だから結局、ウヤムヤにするというのが小池都政のじつは方針そのものなんじゃないですか。

森田　そうそう。しかも上山《うえやま》信一という都政改革本部の顧問がいますね。

斎藤　橋下徹さんに請われて大阪市でも特別顧問をやっていた人ですね。

森田　彼が、石原の副知事をやっていた浜渦みたいな感じでしょう。副知事にしないだけで。そういう人間を間に置いてワンクッション置いて。それでまずいことがあっても小池は逃げられる。部下に責任をとらせるというかたちですよ。あとは分業。小池を立ててくれるなら、みなさん大目にみますよという体制に向かっているように見える。

斎藤　だから私は、小池さんが、石原さんのやったことをすべてひっくり返してくれたら信用してもいいかなと思ってますけど。当然責任をとらせたうえでね。ただそうじゃなくて、なんかちょっと宣伝に使っただけで。あとはなんか似たようなことをやっていくような気がしてならない。自民党と対立しているかのような構図だって、どこまで本気なのか。

森田　どこかでね、石原を裁判にかけてもらいたいという声はかなりある。それが受理されるかどうかは別にしてね。弁護士グループもあれだけ一票の格差で一生懸命やっているのだったら、その1000分の1ぐらいのエネルギーを、石原のようなどうしようもない無責任な知事の解明のためにやってもらいたいと思う。

斎藤　私も2003年に石原批判の本（『空疎な小皇帝――「石原慎太郎」という問題』岩波書店）という本を出したんですけど。その時も随分いろいろな人に、訴えるんだったらぜひ参加したいということを言ったことがあります。その後10年近く、都知事として君臨していましたからね。

その本にも書きましたが、石原都政の副知事をやっていた浜渦武生という人物は、1972年から石原の公設秘書になり、何度か暴力事件を起こしていますね。1974年には石原が立候補して当選した衆議院選挙がらみで暴力事件を起こした事件が、警察が捜査を渋って、ウヤムヤにされたことが明らかにされています。2000年には『フォーカス』の記者とカメラマンに暴行を働いています。このときも、浜渦副知事は特段の処分を受けませんでした。石原は「男の世界じゃ、よくあることじゃないか」と嘯《うそぶ》いていました。男というものをあまりなめないでもらいたい。ただのチンピラを男とは呼びません。

◆昔は談合は善なるもの

森田　私は東京都の腐敗というのは、金を抜き取るような汚職というより、役人として、人間としての堕落ではないのかと思う。じつは生活者の間では保守というのは非常に根強いし、日本ではやはり保守は強いです。ですから、自民党はたとえ一回選挙で負けても、すぐに回復できる。保守的な考えが草の根からあるのです。小さな汚職事件か大きな汚職事件かは別にして、保守派は絶えず汚職事件を起こします。汚職事件を起こしながら、しかし生き続けているのです。「石川や浜の真砂は尽きるとも世に盗人の種は尽きまじ」と辞世の歌を詠んだあの石川五右衛門ではないけれど、汚職というのはなくならないものです。だからこそ、公害や福祉の時代に、美濃部都政のような革新自治体ができたというのは、じつは東京にとっては大きな救いだったと思うのです。美濃部も都職員の汚職事件で結構苦労しましたが、あれがもし保守都政だったら、もっと汚職が蔓延していたと思います。

斎藤　その通りだと思います。

森田　相変わらず、ものすごい利権が動いていたと思うのです。だからそれに慣れていない革新だったからあまり腐敗しなかった。それから鈴木都政の場合も、あまり汚職が出なかったのは、これはやはり基本方針が財政削減、財政再建だったからです。徹底的に行革するということで厳しくやっていましたからね。

斎藤　逆に言うと、その間は公共事業や都市計画があまり進まなかったということですね。

森田　すでに計画があったものも相当ストップさせたのですよ。だから大蔵省の財政削減の考え方が、東京都で貫徹した。同時にその時期は、昔の内務省、今の総務省が、管理を強めて、中央の自治官僚の力を非常に強めた時期でもあるのですね。そして、それと同時に警察、検察が強くなってきましたから、警察と検察は官庁の汚職を摘発することによって、権力機構の中での力を強めていくという、そういう力が働くのです。汚職事件の際は、民間の人間と官庁の人間と、だいたいセットで取り調べるのですが、官庁を取り調べるときのほうが一生懸命にやっている。警察や検察にしてみれば、失敗したら命をとられますから、真剣勝負です。

斎藤　なるほど。

森田　ですから戦後の歴史を振り返ってみて、検察、それから警察の力が相対的に強くなってきている時期には、他の官庁の摘発を進めながら強くなっているという関係があります。私は昭和35年に、一時生活のために貿易商社に就職したのです。二、三か月のことでした。友人のおじが貿易会社を経営していて、その伝手《つて》で就職しました。アメリカからいろいろなものを輸入して研究所や役所に納品する輸入商社だったのですが、そのとき私の社の重役は、頻繁に贈り物を研究所の部長らに贈っていました。競争が激しかったこともあるのですが、取引先の購買部長・課長のような地位の人に、電気洗濯機だとか冷蔵庫だとかテレビだとか、当時の三種の神器です、それらをどんどん贈っていました。相手の奥さんに届け物をするというかたちも多かったです。そういうことは今ではみんな汚職になります。しかし当時は自由だった。家庭の奥さんに届け物をしていく限りは取り締まりの対象にならなかったのです。そのうちにそういうこともだんだん取り締まるようになって、厳しくなっていきました。

それから、昔は談合も善でした。私の父は戦前、田舎の建設業界の会長を務めていたのですが、時々、夜に「談合に行ってくる」といって出かけていました（笑）。戦前のことです。談合というのは、その土地の業者の共存共栄を図るシステムだったのです。それが、アメリカが日本市場に入り込みたいために、競争入札制度を強制して、日本の改革をどんどん行っていって、談合システムをなくしました。昔は談合は善だったのです。それがアメリカが談合を処罰せよというので、談合を処罰する法律ができたら、談合は悪になった。

斎藤　1980年代末の、バブル経済の時代に始まる「日米構造協議」。その後はアメリカが「年次改革要望書」のかたちで注文してくる通りの政策がとられるようになって、今日に至っています。

森田　そうすると結局、談合取り締まりになるのですが、入札方式が定着しても、どうしても仕事をとらなければいけない企業の人たちは無理をするわけですね。それでいわば標準価格といいますか、それを知るために、金品を贈ったり接待したりするのです。それがだいたい最近の汚職の標準形になっているのです。

ところが、最近そういう汚職が減りつつあるのは、公共事業の価格をものすごく安くしてしまったからです。あまりに安いものだから、公共事業は今は損をするのです。しかも、東日本大震災以後、資材が高騰して、労働賃金も上がっている。公共事業がぜんぜん儲からないそうです。だから公共事業はよほど困っている業者でなければやらなくなっているようです。たとえば、豊洲関連の入札も、初めは入札が成り立たなかったそうですね。

斎藤 それでひとつのジョイントベンチャーしか入ってこないみたいになってきた。

森田 すると入札が成り立たなくなって、それで無理に説得して参加させる。

斎藤 談合の結果ではないんですか。

森田 談合の結果ではない。今はもうみんないやいやながらです。しかも痛くもない腹を探られる。世間は公共事業に厳しいからです。国かどこかと公共事業をやっている企業の場合には、やはり付き合いが大事だということで、付き合いでやっているのが今の状況です。だから豊洲なんかは、みんなやりたくないんだと、私は関係者からはっきり聞きました。関わると、痛くもない腹も探られるしね。だけどどうしても加わってくれと、断りきれなくてやっているのだと言っていました。もちろん、落札率99・9パーセントなんていう数字は、それは事前に標準価格を知らなければできないことです。そうでなければ、そんな数字になりません。ですから東京都の体質というのは、やはり深い暗闇みたいなものがあります。東京都は相当堕落しているとしか言えません。

◇公共事業は儲からない

斎藤 その辺の事情、とくに公共事業は儲からないというお話ですが、これは地方と東京で差はありますか。

森田 その点は地方も東京も同じでしょう。

斎藤 森田さんのご著書を拝見すると、森田さんは公共事業に関しては、内需拡大としての効用を主張されています。地方においては最近の人口減少もあって、公共事業は儲からない、あまり無理はできないというのは私もまったく同感なのですが、東京をはじめとする大都会では、逆にかなり無理な計画が進んでいるような気がしてならないのです。

例えば今、東京都は「補助86号線道路計画」という名称で、オリンピックと東日本大震災を口実に防災道路をあちこちでつくろうとしているのです。北区の志茂や、品川区戸越、豊島区池袋本町、板橋区大山など計28カ所の計画が進められている。驚くべきは、その道路計画が、今から71年前の1946年に当時の戦災復興告示で決定された計画だということで、都はその計画を70年間も放っておいて、いきなり強行しようとしていることです。私は立ち退きを迫られている住民への都側の説明会に行ったりして取材したのですが、違法を主張する住民に対して、都側は戦時中に天皇が下した勅令「都市計画法及同法施行令戦時特例」をもって、内閣の認可が生きていると主張しています。こんな戦時中の亡霊のような「戦争道路」の復活に、取材していて唖然とする思いでした。東京でそういう公共事業をやることに、どのような意味があるのかなというのを最近よく考えるのですが、どう思われますか。

森田　その件は私も知っています。率直に言って、東京の場合は、効率という点では私はかなり悪いと思っています。第一、土地が高い。そして第二に資材も高い。そして第三に労働力も高い。だから東京でのそういう公共事業はかなり無駄遣いに近い要素があると思うのですね。むしろそれだったら東京に一極集中しないように、地方でみんなが生活できるように財政を使ったほうがずっと効率的でしょう。

私は、戦前の社会というのはたしかに軍国主義でもって戦争を遂行し、政治はひどかったと思うけれども、だけど現在よりもはるかにみんな自由だったし、地方も豊かだったと思うのです。それで戦後の復興のときに、結局、東京および東京近辺、大阪および大阪近辺に産業を起こすという方針を政府が立てて、農村から中学生を就職させた。「青田刈り」「金の卵」と呼ばれてね、集団就職が行われた。「あゝ上野駅」の世界です。

だから、地方は、戦後やっと復員した人もいたんだけれど、戦時中はお父さん、お兄さんが徴兵されていたから爺ちゃん、婆ちゃん、お母ちゃんの三ちゃん農業だったのが、やっと人が戻って地方も復活するというときに、都会に労働力として若い人を取られてしまった。それで地方の発展を止めてしまった。大都会中心に開発が行われて、社会がいびつになっていったのです。

やはり社会は都市と農村とのバランス、それから工業と農業とのバランス。それから人間の社会と自然とのバランス。この三つのバランスがとれて、健全に発展するわけです。だから、戦後日本はそれとは反対の方向に動いてどんどんバランスを崩していきました。そして今や大阪すら人口が伸びない。もう東京および東京の周辺しか人口が伸びない。47都道府県の中で、人口が伸びているのは東京とその周辺のみです。

そういう意味では地方を犠牲にして発展してきた東京で、今度、東京オリンピックを行うというのは、私は致命的な間違いだと思うのです。あれは石原慎太郎が、自分の次の選挙のための目玉が欲しいというので、自分が選挙で勝つためにやったことではないか、と思っています。本当は許しがたいことです。

私はこの間、今度のこの本のこともあったので、オリンピックの会場予定地を見に行きました。整地はできているのですが、そのまま数か月、1年近く放置されているものだから、草ぼうぼうです。だから1964年のオリンピック当時を知っている人間としては、そんな草しか見えないようなところで、まだ手がついていなくて大丈夫かと思います。あと3年しかないのですよ。あのオリンピック村なんていうのは、相当な高層ビル群になるんですよ。

斎藤　実際、完成させられるものなのでしょうか。

森田　これ以上延期されると、何が起こるかというと、間に合わないという事態が現実味を帯びてくるわけです。そうすると、今議論されている働き方改革と逆のことが起こるのです。間に合わせるための徹夜徹夜の突貫工事、強制労働。それから金が湯水のごとく使われる恐れ大ですね。

斎藤　労働者をかき集めて、それでも足りなければ外国人労働者を集めるということになるでしょう。そうすると東京以外のところでは、それこそ資材、人件費がものすごく上がります。東北の復興どころじゃなくなりますね。手抜き工事でごまかしたら、そこに大地震なんてことだってあり得なくはない。

森田　ですからこのままでは近い将来めちゃくちゃなことが起こる恐れがあるのです。そういう事態を見通せる人間がいない。だから「今だけ、金だけ、自分だけ」という今の流行《はや》りの思想をまっしぐらに突き進んでいるわけです。しかしここまでやって、もし東京でオリンピックができなくなったら、それはもう日本としては赤っ恥もいいところです。小池知事は自分の人気ファーストで引き延ばしてやっていますが、これをマスコミすら批判しない。ひどいものです。

斎藤　引き受けておいてできなくなった国なんて、過去にありましたか。

森田　ないですよ。

斎藤　ブラジルだってどうにかした。実質的にはかなり怪しかったけれども。

森田　そうですよ。だからこれはもうやらなきゃいけない。それなのに、中枢にいる連中が足の引っ張り合いをして、それで工事が止まっている。下で働いている人たちはものすごく真面目ですよ。ちょっと取材したのですが、現場の人たちはみんな真面目にやっている。でもみんな給料は安いんだと思うのです。地方自治体をみると、市町村がいちばん真面目なんですよ、一生懸命やっています。県の連中は権力行使するだけです。そして中央の官僚は、県と一緒になって上から目線のやはり権力行使です。いちばん一生懸命やっているのは、東京都なら特別区、それから三多摩の市町村です。彼らは本当に血みどろになって働いている。ところが東京都になると上から目線になって威張っている。その上に中央が乗っている。その矛盾がいちばん出ているのは東北です。地震が起こってから、災害対策をするんだけれども、市町村が一生懸命やっていて、県は威張っている。そして県の上に中央があって、それで中央に代議士を通じて陳情に行くと、「あなたがたの気持ちはよくわかった」と言ってくれるんですが、しかし、県を通じてやるしか方法がないんだといって市町村の事業が止まってしまっている。それで東北の復興がこんなに遅れている。オリンピックも似たようなことが起こりつつあります。私は小池知事はかなり危ない橋を渡っていると思います。

斎藤　そうですね。災害対策とか、オリンピックはデタラメな強権の大義名分にばかり使われている。安倍政権が目論む憲法改正の際の「緊急事態条項」なんてまさにそうです。東日本大震災が口実にされるけど、実際に現地で随分取材したんですが、被災した東北地方で必要なものは、権力の集中や人権の制限などではまったくなくて、防災道路にしても、むしろ普通の町の道路なんですね。ところが、防災を口実に高速道路を作られてしまうわけですよ。役に立たないどころか迷惑だと言われている地域がいくつもありました。この間の熊本地震のときも菅官房長官は、だから緊急事態条項だと言っていました。なんでもかんでも国の権力を強める方向にばかりもっていくというのが今の実態です。先ほどお話しした昔の都市計画道路ですが、これも元々戦時中の勅令を根拠に作ろうとしているのですから、めちゃくちゃです。もしもその計画通りに作られたりすると、そういう一帯は、元々の地元の人はもう住んでいられなくなり、大手のデベロッパーが買い占めてということになるのでしょう。たとえ都市計画の遅れがあったにせよ、それを逆手にとって、国内の土地の巨大資本による再編成がさまざまなかたちで進められていくということでしかないのではありませんか。

森田　権力は、あらゆる社会問題が起こると、それを利用して権力を強化していこうとする。ナオミ・クラインが書いた『ショック・ドクトリン』、災害便乗型資本主義です。これがある時期からの日本の戦後の歴史です。絶えず権力の強化を模索している。今、国も東京都ものすごく権力的になっています。

斎藤　それを行政手腕さえない、単なるタレントパフォーマーが指揮しているということですね。

◆進退伺いなど罪人が出すものだ

森田　だから私はこれからは、小池都知事のことも叩かないといけないと思っているのです。ひとつはテレビに出てくる連中が解説しているのを見ていると、この連中はいったい何者なのだろうと思うのです。たとえば、小池都知事がまだ自民党員であると騒がれた問題です。小池都知事は、私はすでに自民党に進退伺いを出している、決めるのは私ではないと偉そうにしていますが、そもそも進退伺いというのは、罪人が許してくださいといって出す文書です。つまり武士に対して家来が「助けてください」と出す文書です。指導者が出してはいけないものなのです。私もいろいろな組織のリーダーをやってきたけれど、進退伺いなんてものを出す下等な人間は相手にしなかった。自分の処理は自分で決めるものです。それを長年政治家としてやってきて、大幹部で、しかも都知事までなった人間が、自分の身を自分で処分しない。反対に小池都知事は、それを使って自民党を揺さぶっている。公的権力である都知事の権力を使って、もともとは民間団体である政党を揺さぶっている。まるで王手飛車取りのように、「さあ、除名するなら除名しなさいよ」と啖呵をきっている。自民党が彼女を除名すれば、彼女の勝ちです。もし除名しないんだったら私は自由にやりますよと嘯いているわけです。新党を作るかどうかは別にして、自民党を自分の権力の下に置こうとしているのです。

それなのに、今テレビに出ている解説者たち、政治学者や政治評論家、政治ジャーナリスト、新聞記者、彼らのうちでこのことを批判している者が一人もいない。誰かちゃんと批判している者がいないかと、新聞もくまなく読んでみても誰もいない。だから、人間社会を成り立たせているところのモラルとか健全なる常識だとか、法の精神だとか、これがスポイルされて踏みにじられているのが今起こっていることだと思うのです。真の堕落が展開中なのです。その一番先頭を突っ走っているのが東京都だと私は思います。文書も残っていない、誰がやったかもわからないことが平然としてまかり通っているのですから、事態は深刻です。

斎藤　私もつい先日、東京新聞の特報部から、共謀罪についてのコメントを求められたので、ひとしきり話したのですが、要するにフランス革命の頃から、人類が営々と築き上げようとしてきた、決して完成はしなかったけれども、少しはましになってきた民主主義の世の中が、この新自由主義の蔓延と、今度のトランプ米新大統領の登場などによって、一気に逆戻りしつつあると思うのです。なまじテクノロジーの進歩があるぶんだけ、逆に人間社会の本質のほうはどんどん原始時代に回帰させられていくような。

森田　本当にその通りですよ。

斎藤　世の中が新自由主義的に変質し始めた時期から政治家になった小池さんのような人は、そういう変質が習い性になってしまっているのではないでしょうか。あえてそうしようと考えなくても、おそらく本能的にそうできてしまう。そこに東京都のタレントを歓迎したがる風土があり、メディアのどうしようもなさがあり、ますます悪い方向へ進んでいる。最近は、テレビのワイドショーをはじめ、我々は毎日、昼も夜も小池劇場を見せつけられている状況です。いくらなんでも異常だ。

森田　ほんとにそうですね。それは中央も同じでね。例えばトランプが大統領選挙に勝ったとたん、安倍がトランプタワーへ飛んでいきました。私などは、そんなみっともないことはするなと思います。日本だって1億3000万人の人口を抱える大国じゃないかと。日米同盟というのは、本当は日米従属同盟で、その従属させられている国の首相がすぐにすっ飛んでいくようなみっともないまねをするなと。しかし、このことを批判するマスコミはひとつもありません。どこもかしこも、迅速な行動で素晴らしい、素晴らしいと安倍を誉めそやしていた。

斎藤　私は、あのときたまたま佐賀で別件で取材していて、ちょうどタクシーに乗っていたのですが、タクシーの中のテレビを見ていたら、どこの局も特番を組んでいて、たまたまフジテレビの「グッディ！」という番組だったと思いますが、安倍さんがトランプさんへのお土産にゴルフクラブとお酒を持っていったということを延々とずっとしゃべっているんですね。しかも、それがさもセンスがある贈り物みたいな雰囲気になっていて。テレビはもう、完全に安倍政権の太鼓持ちに成り下がっているのですね。私は自分の頭がおかしくなったのではないかと思いました。

森田　あのゴルフクラブは、じつは有名な日本の本間ゴルフという企業のもので、54万円するとか報道されていたけれど、その本間ゴルフは今は中国資本に買収されているのです。そのことをアメリカはわかっているからね、軽蔑されるような話です。

斎藤　笑いもんですね、世界中の。

森田　しかも今の中国は賄賂社会です。昔、日本では絵画が賄賂として使われていたのだけれど、今の中国ではその本間のゴルフクラブが賄賂として使われているようですが、だいたい200万円級のものが使われているそうです。

斎藤　なのに54万円のものを持っていったんですか（笑）。

森田　本当はもっと高いと思います。以前は、日本の政界では絵が美術品として金の運搬道具として使われていたのです。もらった絵を画商に持っていけばお金に換えてもらえた。それが今の中国ではゴルフクラブに変わっている。そういうものをお土産だといって持って行っているのです。いかに外交力がないかという話です。中国に買収された日本の企業のクラブを持っていったのは、それで自由貿易の重要性を訴えたんだなんて、とんちんかんな報道をしていたところもあったけれど、ばかみたいな話です。

◆東京都は完全雇用をめざすべき

斎藤　先ほどの公共事業の話に戻りますが、よく単純な議論の立て方で、グローバル展開か内需拡大かみたいな言い方がされますね。自民党の中でも内需拡大を支持する人は公共事業にこだわるわけですが、最近はちょっとあれっと思うことが多いのです。というのは、リニア中央新幹線に関する取材で、自民党のリニアの委員会の委員長をしている竹本直一さんにお会いしたのですが、新幹線があるのに、そこまでリニアにこだわる理由はなんですかと尋ねると、公共事業としての側面よりは、日本の技術をどんどん海外展開していくための意義のほうを強調されていたのです。彼は、自分が大阪の出身だから、早く大阪まで、本当ならば2020年までに通したいと言っていましたが、いくらなんでもそれは無理。でも、これまでODAなどを使ってやっていたインフラ輸出の一環としての将来的な意義を話していました。せめて、2020年のオリンピックのときに、山梨の実験線を東京までつなげて、海外からのお客さんに体験試乗してもらって、海外輸出につなげたいと。つまり、一種のショールームとして日本の公共事業を位置づけるような考え方ですね。

そうした発想は、原発輸出にも言えることで、反原発、脱原発の人が、3・11以降原発がなくてもやっていけることがわかったではないかといくら主張しても、今どんどん再稼働していますよね。その理由というのも、結局、民主党政権時代からのパッケージ型インフラ海外展開、安倍政権ではインフラシステム輸出の国策の中で、その中核に原発輸出を位置づけた。そうして、海外に輸出しようとしているのに、国内では危ないから動きませんというのは通らないので、だから再稼働というロジックですよ。公共事業が内需拡大とか、国内の国民生活を豊かにするためというよりは、外需拡大のための道具、手段、宣伝材料に使われている。私は、それは一種の帝国主義じゃないかと思うのです。

2014年に閣議決定された国土強靱化計画は、京大の藤井聡教授が関わっていて、私は藤井さんにも取材したのですが、彼が強靭化計画を出した中には、そういう意図はもともとなかったはずなのに、いつのまにか帝国主義の一環みたいにされてしまっている。とくに安倍政権の場合はインフラシステム輸出に、海外の資源権益の確保だとか、在外邦人の安全みたいなことを付け加えられてしまっている。アルジェリアの日本人人質事件が起こって、あいったケースにいつでも自衛隊が出動できるような体制を作ろうとしていますので。それは昔の帝国主義で、最初に軍隊が行って、治安を確保してから企業が行って金儲けをするというパターンとシナリオが逆になっただけではないかと思います。今はとにかく企業が海外展開をするために、邪魔になるものは軍事力を使ってでも排除するという方向です。こういうふうにシナリオが逆になっただけで、実質帝国主義なのではないかということを私はいつも言っているのですが。取材した藤井教授もそういう点についてはすごく怒っていた。ですから、公共事業が大事だと主張している人たちの間でも、かなりゆがみというのがあるような気がしてならないんですが。

森田　藤井さんは、国土強靭化、国土を強くして災害に耐えうる社会を作るための公共投資、社会資本整備が必要なんだという理論をひっさげて登場して、これを自民党の二階俊博氏（今の幹事長）が受けて二階と藤井の二人で進めていき、安倍首相を引き込んで、ついに法律まで作った。この方向は間違っていないと私は思うのです。

というのは、これは根本的なことですが、私は、社会の土台というのは、資本主義であろうとなかろうと、家庭と地域社会だと思うのです。そして、もう一つ、300年の資本主義の歴史の中で成長してきた企業があり、そして政府があります。政府というのも、単に軍事だけではなくて、国内経済の体質にも一定の影響力を持つ。この政府、企業、家庭という三つの基本組織を基盤とするこの社会というものを資本主義と呼ぶならば、その資本主義がきちんと機能するための条件は、ただひとつ、雇用の安定なのです。ですから完全雇用主義を放棄した資本主義社会はダメだと思うのです。だからサッチャー、レーガン以来、完全雇用主義を放棄して、クビ切り自由社会にしてしまった罪は大きいです。日本まで1980年代の末にはクビ切り自由にしてしまった。これがじつは資本主義が潰れていく最大の要素です。雇用を維持するためには、民間の企業と家庭がバランスのとれた関係を維持すればいいのだけれども、しかしながら経済は、成長と後退の循環を繰り返す。後退期で、民間の力だけではやっていけなくなったときは、国がやらなければいけない。だから公共事業を禁止するというような考え方では、民間に力がなくなり、民間がやる気がなくなったときに経済は止まってしまう。雇用の維持ができなくなる。つまり資本主義が機能しなくなる。

今はもう資本主義が終わったというような議論がたくさん出てきているけれど、しかし終わったと言っている人が次の社会を設計できていない。マルクスは、次の社会は社会主義、共産主義だと言った。計画経済、共産主義だと構想したんだけれども、それがうまくいかないということになってからは、次の社会というのは、せいぜい昔の古代社会に戻るのかという程度のことしか言われていない。そこから先の社会のモデルは提案されていないのです。

ですから私は、今の社会においていちばん大事にすべきは雇用であり、民間で雇用が調達できない場合には、国の投資によって仕事を作り出し、そこで賃金を払う。これが基本なのだというのをずっと主張してきたのです。これは、ケインズや社会民主主義の考え方です。19世紀末ごろから出てきたそういう考え方のほうが現実的ではないかと思ってずっと主張してきたのですが、言えば言うほど孤立するのですね(笑)。トランプが大統領に当選できたのは、その雇用をアメリカに取り戻すと言ったからですよ。私はトランプはただ雇用を利用しただけで、トランプ革命は裏切られると予想しています。ただ、雇用に手をつけようという考え方をとったことによって、トランプは勝ったのだと思うのです。

ですから、日本も、やはり雇用の問題に手をつけなければいけない。基本的には完全雇用を目指して、誰もが自分と家庭を養える社会をつくるべきです。そのための犠牲であれば、国の税金を投入してもいいと思う。そうしないと、民間が動かなくなったときにストップしてしまう。今がまさにそういう時です。民間は金を稼いだって貯め込んでしまうだけです。300兆円に近い金を貯め込んでいて、依然として使わない。これを吐き出させるためにどうするかといったら、仕事を作り出すしかないのです。

東京都は金があるのだから、完全雇用を打ち出すべきだと思うのです。しかし、大きな組織である東京都の内部はひどい状態で、無責任で、腐敗してしまっている。今は悪い方向に進みつつある。この腐敗は、賄賂をもらう程度の腐敗とは違ってもっと深刻な腐敗です。人間性の腐敗。人間性を失っていく、そういう腐敗なのではないかと思う。だから東京都で起こっていることは、人間性の崩壊。人間として生きる基本的な価値を喪失してきているということではないかと思っています。

斎藤　私は、二階さんや藤井教授の主張は、安倍政権の中で通すためなのでしょうが、しかし、先ほどもお話ししたように、なにか取り込まれつつあるような気がしてならないのです。それで、その人間性の崩壊の話ですが、2016年の3月に安倍政権が、消費税増税の時期を延期するためのお墨付きがほしくて、アメリカからポール・クルーグマンとジョセフ・スティグリッツという二人のノーベル経済学賞受賞者を東京に招きました。彼らは日本の増税にずっと反対していました。でも、言うことを聞く気だったらもっと前から聞いていればいいのに、要はあの時点で延期を決定するためにノーベル賞のお墨付きがほしかったというわけです。それで、どういう理由かわからないのですが、クルーグマンが怒ってしまい、オフレコの約束を破って、帰国してから会談の中身を大っぴらにしてしまったのです。その中身を見てみたら、すごいことを麻生太郎副首相兼財務相が言っている。そのときの会談は、まず安倍さんと麻生さんがクルーグマンの講義を聞いて、それから質疑応答の時間になるのだけど、消費税の話なんかそっちのけで、麻生さんがノーベル賞学者に向かって演説を始めちゃうんですよね。その中身は、だいたい、今の日本のデフレの状況は1930年代のアメリカによく似ていると。ルーズベルトのニューディールがあったのに、起業家が投資意欲を湧かしてこない。現在の日本もそうだと。その時にアメリカはどうやってこれを克服したか、ご存じですか、ということをクルーグマンに聞いて、それでクルーグマンが黙っていたら、「戦争です」と麻生さんが言いだすのですね。だから戦争をしましょうとはさすがに麻生でも言わないのだけど、クルーグマン先生に、いやそれは歴史としてはその通りだけれど、我々はそれをやらないためにこうやって議論をしているんじゃないですかとたしなめられていた。底が見えたような気がしました。あからさまに言わないまでも、戦争が起こってくれないかなと考えているのは間違いない。それで戦争でもって、では本当に経済が活性化するかといったら、それはあくまでもそれによって利益を得る巨大資本があるだけで、普通の人はただ不幸になるだけですからね。

いつも考えるのですが、社会保障にしろ何にしろ、そういう議論があるときに、必ず、とにかく経済成長がなければいけないと言われます。たしかに経済成長というのは、多くの人が幸せになるために有効な手段の一つであるとは思うのですが、これを目的にしてしまうと、それを阻害する要因を排除しなければならないということになってしまう。じゃあ人権なんか生産性の低下をもたらす無駄でしかないとか、安全性もいらないよとか、平等なんか必要ないということになりかねないと思うのです。いや、そういうことが現に起こっているのが今だと思いますね。

◆東京都は「平和都市」宣言をして世界をリードせよ

森田　私は、今、本当に第3次世界大戦の危機を感じています。というのは、歴史を調べてみると、政治家が政権の中心になっている時代は、それがかなり右翼的であっても戦争を思い止まっていることが少なくないのです。しかし、軍人が政権をとるか、あるいは金儲けだけの人間が政権をとるかの時代には戦争にいってしまっているのです。それで、アメリカの今度のトランプ政権は、大金持ちで金儲けならなんでもするような連中と、それから戦争をやりたくてしょうがない軍人とで政権を作るから、私は非常な危機を感じています。しかもトランプは、台湾の蔡英文総統とすぐに電話会談したでしょう。トランプが「二つの中国」を認めたら、次はチベットや新疆《しんきょう》ウイグルにまで飛び火しますよ。中国にとっては、「一つの中国」で押し通すしかないから、軍事力をもってしても台湾の独立を阻止することになりますよ。だからこれは非常に危ない状況だと思います。すでに中国共産党中枢では、トランプと台湾が「二つの中国」へ進む場合は、米中国交の断絶を決意しています。簡単な話ではないのです。

そして、日本です。日本の自衛隊は本質的には、アメリカ軍の一部門です。もうこれだけ長年、アメリカと一緒にやってきたでしょう。だから現場の自衛官も、我々はアメリカと一緒にこれまでやってきたんだというように発言している。そうなるとアメリカの先兵として働かされる恐れがものすごく強いのです。しかも安倍首相のように日米同盟にすがりついていれば、アメリカは必ず利用します。

それからやはりヨーロッパが、難民問題で危ない。第1次世界大戦も第2次世界大戦も、ヨーロッパの内部の分裂から起こっている。それから中東がもう無政府状態です。

そして、そういうような状況の中で、中国はといえば、整風運動に手をつけているわけです。整風運動というのは対外的な危機を大いに利用するのです。ですからアメリカが強く出てくるときには中国も強く出ていきます。そうすると最前線の兵隊が引き金を引いたら、一気にドドーンといく危険性があるのです。そのうえ北朝鮮が存在していますからね。非常に危ない状況が出てきたなというように思っていますね。ですから東京は、平和宣言をすべきです。

斎藤　本当にそうですね。私は、安倍首相が軍国主義者だとみんな言いますけど、それはその通りなんでしょうが、目下の流れには大きく三つの要素があると思うのです。彼がやろうとしているのは、一つは大日本帝国を復活させたいという単純な軍国主義。でも現実にそれをしてしまったら、そもそもアメリカに政権を潰されるに決まっていますから、かえってアメリカに今まで以上に服従しなければならなくなる。一番わかりやすい服従の仕方は、アメリカの戦争を手伝うことです。そしてもう一つは、先ほどのインフラシステム輸出でもって、外需拡大のための用心棒としての軍事力を展開する。言ってみれば、第2次大戦の戦勝国の、米英仏の戦後のスタイルと同じようなやり方をとること。この三つの要素が重なり合っていると思うのです。

先ほどのインフラシステム輸出の取材で、私は後に防衛大臣になる中谷元さんに会いました。その少し前にアルジェリアの日本人人質事件が起こって、それで自民公明でプロジェクトチームを作って、自衛隊法の改正に持っていくのです。改正後はあのような事態が起きたときには自衛隊は車両を出して、日本人の救出にあたるということになるのですが、中谷さんに、こういう事件でそういう法律改正までいこうとしているのは、要はこれからインフラシステム輸出を国策にしていけば、今回のアルジェリアの事件は一過性の事件ではなく、日常的に起こるということを前提にしているのでしょうと聞いたら、その通りだと言っていました。アメリカやフランスでは、ビジネスマンが海外に赴任するときには、必ず軍隊がくっついていくのだと。その軍事力を背景にビジネスをする、これがグローバルスタンダードだという言い方をしていましたね。安倍政権の中では中谷さんというのは比較的紳士的な人だとは思っていたのですが、それでもそういう考え方になる。だから憲法第9条が邪魔なのだというロジックが導かれるのですが、恐ろしいことです。

今のような流れの中で、アメリカは日本の憲法改正についてどう考えているかというと、両論あると思うのですが。ひとつは従来からある「瓶の蓋」論。沖縄をはじめ日本に米軍が駐留することで日本の軍事化が抑えられているという考え方ですね。もうひとつが、アーミテージなどに代表される、むしろ憲法を変えてもらって、アメリカの戦争にはいつも日本に手伝わせるという考え方。もしも後者の考え方が強くなっているとすると、憲法も簡単に変えられるかもしれない。その場合、その過程で、私はどこかで日本のための戦争がすでに準備されているような気さえします。憲法改正の議論の最中に憲法を変えさせやすくするような仕掛け。それで自衛隊が海外の戦地へ行くのが必然になるみたいな仕掛けが用意されているのではないかと思うのです。

森田 私は、国民投票で、憲法改正の手続きを定めた96条に従って憲法を改正するということは、平和な時期が続く限りはできないと思っている。それを一か八かでやる度胸も安倍政権にはないと思う。今の状況で国民投票を実施すれば、「9条」改正案は否決されるからです。否決されれば憲法第9条は守られる。

だから、私は多くの護憲派のみなさんと違って、逆に、むしろまだ戦争体験者が生きているうちに現行96条で憲法9条の国民投票をやってくれと思っています。否決されれば、1955年以来の自民党の歴史そのものがインチキだったということになる。この数年間、ものすごくたくさんの人たちが戦争体験を語るようになってきました。これまでは沈黙していた人たちが、このままでは憲法が改正されて戦争になってしまう、それでは危険だからと、今まではしゃべらなかったことをしゃべろうと語り始めました。ですから、草の根の平和意識は相当広がっています。だから今、憲法を改正するかどうかで、9条改正案、その前に96条改正案が出てきて投票すれば、その改正案は否決になる。自民党はそれがわかっているから、できないと思います。口先だけです。

ところが、一度戦火が起きれば、戦前の経験から言って日本の世論は一夜にして変わります。満州事変で一変した。

斎藤 イケイケドンドンになる。

森田 軍事衝突が起これば、軍事力を強くするために、戦争の邪魔になるものを全部変えていくでしょう。そのときこそ国民投票だということになるでしょう。安倍・改憲派としては、もうそれしかないでしょう。憲法改正は戦争が起これば可能になる。

斎藤 イラクに自衛隊が行ったときに、『文藝春秋』が特集を組んでいたのですが、やはりというか、いっそのこと早く自衛隊員にひとり死んでほしいということを書いていた人がいましたね。それが憲法改正のための尊い犠牲になるのだと本気で書いていた。そういうシナリオは大いにあり得ると私も思います。

森田　そんな中で、東京都がするべきことは、繰り返しますが、世界に先駆けて平和都市宣言をすることだと私は思うのです。

◆尖閣諸島問題に火をつけた石原の罪

森田　ついでに言うと、尖閣諸島の問題に火をつけた石原の罪は大きいと思うのですよ。石原は2012年の4月にヘリテージ財団に呼ばれてワシントンで講演して「尖閣を都が買います」と宣言してしまったわけですが、私の情報ルートによると、石原はそれ以前は尖閣の問題なんかまったく頭になかったと言っていました。ヘリテージ財団から講演に来いと言われて飛んでいったのは、昔、弱みを握られたことがあったからだと言われています。1999年に衆議院議員を辞めたときに、アメリカから脅かされていたそうです。「お前のスキャンダルはすべて握っているぞ」と。それで議員を辞めて、都政に逃れたそうです。だから石原はアメリカに弱いのだそうです。そして、ヘリテージ財団から、尖閣は東京都が買うと言ってくれと頼まれて、それであいう発言になったという話です。この経緯を調べた人がいます。その情報です。大報道になりましたね。それまで尖閣を持っていた不動産屋は、その世界では有名な地上げ屋だそうです。

斎藤 もともと地上げ屋なんですか。

森田 そうです。その人が、高く買わせようとして値を釣り上げて、そこにアメリカまで乗っちゃったから、ああいうことになった。石原がカンパを募ったら14億円しか集まらなかった。それで地上げ屋は20億円だという。地上げ屋は今度は政府に買わせようとした。結局、野田内閣の官邸に、石原に近い総理補佐官がいた。その補佐官はもともと石原伸晃の秘書をやっていたこともある。アメリカのマイケル・グリーンの事務所でも働いていた。

斎藤 アメリカロビーみたいな人ですよね。

森田 この補佐官が、石原と野田の会談をセットしたと言われているのですよ。しかも、このときは、これは官邸筋の情報だけれども、親米派のドン、岡崎久彦が入り込んだそうです。それから野田首相の親友のYだそうです。Yは右翼だけれども親米右翼。野田とは親友の間柄です。それから岡崎はもう亡くなりましたが、アメリカ一辺倒の人。

斎藤 そうですね、アングロサクソンの言うことを聞いていれば間違いないという人でした。

森田 この二人が指南役になって、それで野田が政府として尖閣を買い取ることにして、税金の分まで政府が払うということになって、二十何億円、税金まで含めた金を地上げ屋に払って、それで買い取ったというのが真相のようです。だからその地上げ屋にしてみれば、大成功といって高笑いなんだそうですよ。

それで中国との紛争に火をつけてしまったのです。このことが重大なことです。中国はもう民主党政権を許しませんよ。だから安倍にしてみれば、自分がやりたかったことを野田が代わりにやってくれた、という気持ちでしょうね。ですから安倍に対するほうが中国は優しいですよ。もう中国は民主党なんて相手にしない。中国から相手にされない野党第一党なんて存在理由がないですよ。中国との間をうまくやるのが野党第一党の役目だったんですから。ということは民進党の復活は困難だということです。野田内閣が全部ダメにしてしまった。石原はアメリカに利用されたのです。私は、やはり石原は10年以上、都知事という名前を使ってしたい放題遊んだだけではなくて、アメリカに利用されて日本にとって致命的な間違いを犯したのだと思います。石原慎太郎の罪浅からず、です。

第5章

マスコミが翻弄する東京都政

◇豊洲報道のマスコミ偏向

森田　私は2016年12月末、豊洲を見学しました。今話題の中心の、水が溜まっているところには、排水工事中のため入れなかったですが、他は見せてもらいました。以前、築地は何度も行ったことがあるのですが、築地に比べると豊洲はずっと広大です。車とトラックですべての物がすべて処理できるように、コンピューターシステムで設計されていた。新しい市場機能を備えていることがわかりました。

それから、よくテレビ局が、今度の豊洲市場は店舗が狭くて包丁が使えない、という話題を放送していましたが、そこも実際に見てみたのですが、そのテレビで紹介された店舗の隣はうんと広いスペースでした。そして狭い店舗というのは家賃が2万円以下で安いのです。だからその広さでいい人がそこを借りればいいわけで、その隣にスペースの広い店舗があります。そして隣にはマグロを下ろすセットがあります。だからそれを全部ありのままを映せば、マグロを下ろせる、いや下ろせないという議論はあり得ない。つまりマスコミが、とにかく刺激的な報道をしたいために作り上げた話でしかないということが、実際に一目見てわかりました。けれども、テレビでは全体を全然映さない。広いスペースはたしかに競争が激しくてくじ引きで決めるらしいんだけれども。マグロを下ろすにはすぐ隣にマグロを下ろすスペースがある。そこを使えば問題ないのです。

しかも、私は都庁の現場にいる人たちに会いましたが、現場にいる人たちは真面目で一生懸命です。しかし、いちばん上にいる人たちは腐敗している。無責任になっている。石原知事や当時の都庁幹部が間違っていたから潰してしまえ、賠償金いくらでもいいから払えという議論は乱暴です。これは東京都民の税金です。今、共産党は移転を中止して、保証金を払えと言っているのですが。保証金の計算なんかできないですよ。もう無限に膨らんでしまうでしょうから。豊洲を使う道をもっと研究すべきです。

斎藤　仲卸の方々はどんな要求だってしてよい権利があります。悪いのは東京都なんですから。

森田　豊洲には各種の探知センサーが完備していました。ガスのセンサー、水質汚濁のセンサーが全部できていましたね。私も昭和39年の東京オリンピックの頃、編集者として『公害衛生工学大系』という本を日本評論社から出したりしていました。私は公害問題がひとつのテーマだったのですよ。ガスの分解とか、汚染の分解だとかずっとやってきたのですが、その頃、日本はすでに最高の水準の技術を持っていました。酸化ガスの分解など必要なものの検査は全部できるのです。そういう施設もすべて作られているのです。

たしかに東京都庁が無責任に、土を盛るという約束を反故《ほご》にした。このことをジャーナリストの鈴木哲夫氏に聞いたら、すべて石原から出ているというのです。土なんか盛らなくていいと言ったのは石原だそうです。だから都庁の幹部は自信もって石原の言う通りにやった。今は石原は知らん顔していますが。しかし、不十分なところは十分金をかければできるのです。

たしかに、土地の土壌が汚染されている問題は、これは重大問題です。私も自分の目で見にいく前は、だから、この問題は水産卸売業者がだんだんだんだん離れていくかたちで、少しずつ時間をかけて豊洲市場が潰れていくというのが豊洲の最後ではないかと思っていたのです。しかし、現在の科学技術と費用をかけさえすれば、もうほとんど防げるんですよ。問題ないのです。コンクリの質だって良くなってます。それから厚くすればいいのです。そういうかたちで安全性のために手と金をかければ。

ただそれでもやっぱり国民の意識、都民の意識、それから水産卸売業者の意識。あそこでは商売できないということがありますからね。もしそうであれば潰れていきますよね。あそこの施設をAmazonが買うとかいう話があったのですが、それは潰れたらしいですけど。

斎藤 本の在庫を置くということですか。

森田 そうそう、Amazonが在庫を置くという話があった。でも潰れたらしい。

現場では、みんな真面目な人たちが今一生懸命やっています。それを作った労働者、それから一番現場にいる都庁の役人もね。もう汗をかいて一生懸命やっているんですよ。そういう人たちの成果まで全部無駄にしてしまうというのは、私は東京都民の税金の無駄遣いになると思う。だからこれを使うために、安全性のために十分なことをするのは当然です。しかし一切やめてしまおうという今のマスコミの姿勢は問題です。青島知事の世界都市博中止のときを思い出します。あのときは私はテレビでまだ頑張って論陣を張ったけれども、それでも負けてしまった。今度、もし豊洲を利用しないということになったら、この施設はもう誰も引き取り手がいません。賠償金なんて兆の単位になるのではないですか。青島のときでさえ、私は、もし東京都でなければ財政破綻になったと思っていました。

斎藤 そうですね。ものすごくイメージが悪いから、今後も買い取ってくれるところはなかなか現れないかもしれません。

◆移転に失敗したら豊洲にトランプ・カジノがやってくる

森田　だから私は、以前、郵政省がさまざまなところに郵政の施設を作ってね、タダみたいな金額で売り払った。ああいうようなことに今の状況はなりかねないと思っています。だけど、実際はアメリカのカジノが入ってくるんでしょう。トランプのカジノが来る可能性はあると私は思っています。トランプは東京を狙っているでしょうから。

斎藤　そりゃあもう、来るんだったら大阪だの横浜だのじゃなくてね。

森田　トランプは東京を狙いますよ。そうするとね、あそこが空き地になれば、本当に彼はカジノを日本に作るでしょう。

斎藤　イメージがどうとか、カジノの場合は最初から関係ないですものね。もともと鉄火場なんだから。むしろ、いわくつきの土地のほうが格好がつくぐらいの話で。

森田　関係ないですね。だから、このままいったらトランプ・カジノになるかもしれない。というのは、カジノ議連（国際観光産業振興議員連盟）の会長である自民党の細田博之総務会長が、つまりプロに任せると言っているのです。このＩＲ（インテグレイティド・リゾート＝

統合型リゾート）の運営はプロでなければできないから、プロに任せると細田は言った。国会の答弁で、そんなプロは日本にいませんとまで言っている。だからアメリカが来る、トランプが来る、と私は思っている。それで土地にＩＲを作られたら東京は腐敗し潰れます。アメリカのしたい放題だから。もうひとつの沖縄が、東京の中心地にできるようなものです。

今、日本自身がすでにすさまじい賭博社会です。厚労省の発表によると536万人のギャンブル依存症がいるというようなことが言われています。正確なことはわからないのですが、しかしそんなに依存症が出てきているというのは、これはかなり深刻な問題ですよね。

斎藤　なんでもギャンブル依存症のリスクがある人は、人口比率のパーセンテージでいうと5・6パーセントにもなるそうですね。男性だと9・6パーセントにも達するのだとか。欧米ではせいぜい1～2パーセントだという。どこまで正確に比べられるものなのかは明確でない部分もあるようですが、それにしても突出してしまっていると聞きます。

森田　ギャンブル依存というのは、その人だけの問題ではなくて、家庭が潰れるのです。一人のために親も潰れる、子も兄弟姉妹も潰れる。だから一人のギャンブル依存で潰れた人間に、3人4人ついて潰れていくのです。

斎藤　一人が滅びて終わるような、簡単な話ではないということです。

◇鍵を握る公明党

森田 東京の腐敗というのは、タレント知事以降は「無責任」という意味での腐敗が大きいのですが、基本的には役人の腐敗です。役人の腐敗がいちばん恐ろしい。それも銭カネの問題よりも、精神の腐敗です。ここに一番深刻な病根があるのです。

斎藤 東京都の役人は強大な権力を握っていて、国からも地方交付金みたいなものをもらっていないから、そういうことが大きいのでしょうか。

森田 だから東京都は国に対しても強いわけです。それで一極集中の利益を都庁が握ってしまっている。この都庁の官僚集団が都政を動かしている。彼らの主たる個人的利益は天下りです。永遠の天下り。生涯就職が安定しているってことです。ひとりひとりの利益というのはその程度のものだけども。現役でいる間に彼らが握る権力は大きい。例えば民間企業に恩義を売るとか、そういうのが非常に大きいものがあると思います。

斎藤 しかもマスコミのチェックもほとんどありません。東京都の記者クラブだけだし。あまり優秀な記者が配置されているとは思えない。

森田　自民党東京都連の傲慢は目に余ります。今度は小池都知事が自らの知事給料を半分にしても、半数の議席を持つ自民党の都議は知らん顔しています。そこで公明党が、せめてその都知事よりも安くするために都議報酬を2割削減しましょうと言いだした。それだけでなく、国民批判の強い政務調査費を少なくしたうえで、きちんとしましょうというようなことを公明党が言い出していることに対して、自民党都連は、パフォーマンスだといって非難した。この自民党の態度を公明党は許さないという姿勢です。自民党は公明党とは縁を切るというようなことまでを言っているようです。多数派の傲慢です。これは驚くべきことです。例えば、富山市議会の政務活動費の問題は、秘密にやっていたことがバレて、それでみんな軒並み引退です。私は東京都の自民党の都議の中でも、調べてみたら、富山市議会と同じように引退せざるをえない都議は相当いるのではないかと想像しています。

斎藤　自民党は、でも少しまた公明党に歩み寄ってきたのではありませんか。

森田　都議会自民党の幹事長は、公明党に「自公」にもう一回復帰してほしいと言っているそうです。だけどこれは明らかに次の選挙が怖いという話でしょう。

公明党が議員報酬も2割減らす、身を切る改革というのを、今度の都議選の第一スローガンにした。それを提案して都議会の検討会で議論してもらおうとした。ところがそういう都議会のいろいろな検討会というのは自民党が中心になって作っている。それで自民党が公明党に対して、なんでそんなことを我々に断りなく発表したんだと怒った。発表してしまった以上は修正しろと。修正したのを持ってこいと。修正がイヤなら、この会議から出ていけと怒った。それで、都議会公明党は、じゃあ出ますよということになった。自民党との関係を絶ちますよと。さよならと言ってね、東村くにひろという都議会公明党の幹事長が絶縁状を出して出ていってしまったわけです。そうしたら他の政党も、我々も出ていくといって、みんな出ていくことになった。自民党だけになったら過半数ないから検討会そのものが成り立たなくなる。それで自民党が、今度は公明党に戻ってきてほしいと言っている。選挙を考えると公明党は23人しか候補者を出していないんですよ。そうすると都議会の選挙区はそれより多い。公明党候補がいるところは自民党と戦って出てきているのだけれども、公明党が候補者を立てないところは、自公連立というかたちで自民党候補者をこれまで公明党が推していた。この選挙協力を、公明党がやめてしまうというわけです。

公明党が怒ったのは、単にそういう公的な場におけることだけではなくて、自民党の議員が公明党の悪口を言い始めた。公明党のやっていることはパフォーマンスにすぎない、あいつらは自分さえよければいいのだと。公明党のほうは真面目に自民党と相談できると思ってやったことなのに、自民党が威張っていて、お前らより俺たちのほうが上だというような態度で公明党をけなすから、けなされた公明党は、高慢な自民党とこれ以上一緒にやるのはイヤだというような空気になってしまった。それが今起こっていることです。

斎藤 では、都議会自民党はその議員報酬2割削減の案に乗るからということではない？

森田 まだそこまでは言っていない。

斎藤 それは言わないんですか。じゃあまだ公明党は態度をはっきりさせていないのですか。

森田 公明党が自民党のもとへ戻るなんていうことは今は考えられないと思います。公明党が削減案を撤回しない以上は。議員報酬の減額案は通る可能性はある。自民党以外を合わせると1票差か2票差ですが。他の政党の議員にしたって、小池知事よりもたくさんもらっているというわけにはいかんでしょう。

斎藤 たしかに。

森田 ですから、自民党は今度の都議会選挙では議席を減らす可能性がある。なぜかというと、公明党の候補者がいないところの公明票が、自民党を支持しないからです。

斎藤 それが支持しなくなれば……。

森田 それが支持しなくなる。それから、もしも公明党、民進党、そういうところで新たな協力関係ができれば、民進党の候補者に入れるということになるでしょう。そうすると民進党が第一党になる可能性すら生まれる。それでこれが国政で起きたら大変化が起こります。だから私が、今公明党に好意的立場を取っているのは、自民党をチェックするには公明党と民進党とが組むのがよいという思いからです。公明党が民進党と連携して統一候補を立てれば、小選挙区で3分の2程度は勝つから。しかし、民進党が愚かだから、全然乗らない。何人か利口なのがいて、公明党に好意的立場を取っている議員がいる。彼らは小選挙区で当選です。

東京都で起こったことの底流には何があるかというと、自立への目覚めです。ある学会の幹部が、これからの目標は自立ですと言っていました。自立しようという空気が広がり始めているのです。

斎藤　2016年の12月14日の参議院本会議で、公明党の山口那津男代表がカジノ法案に反対票を投じたのも、そういう流れのひとつなのですか。

森田　そうそう。山口代表は一番信用がある人です。学会というのは3分の2が女性です。女性はカジノに反対です。

斎藤　ハハハ、それはありがたい。権力の亡者ばかりじゃないってことですね。

森田　彼女たちが全員、平和主義、憲法9条を守れという人たちです。女性会員の中には、今の公明党は堕落していると怒っている人もいます。多くの人は自民党にべたっとくっついているだけではダメだと思っている。だから山口代表は学会との信頼関係を守ったのです。山口代表が一番信頼がある幹部です。

斎藤　創価学会婦人部の女性たちに。

森田　そうです。山口代表、井上幹事長、大口国対委員長らは反対票を入れた。創価学会との関係を守ったのです。これがトップの山口代表まで自民党と一緒になってしまったら……。

斎藤　もう学会と公明党が分裂みたいになりかねない。

森田　ガタガタになる恐れがありました。学会婦人部の選挙運動は強い力があります。だから学会と公明党が分裂したら公明党はもちません。

私は安倍政権はやっぱり2017年から逆風を受けると思うのです。オバマに従属するのとトランプに従属するのとは、日本国民の受け取り方が全然違うからです。

斎藤　違いますよね。オバマは真摯に見えましたから、一応。

森田　いろいろなごまかしがきく相手なんだけれども、トランプだと、従属することだけが目立つ。だから日本は独立国なのかとみんな言い出します。私なんかは今まで日本は独立国かと。永遠の従属国を子孫に残すわけにはいかないじゃないかという気持ちで主張していたのだけれど、暖簾《のれん》に腕押しでした。同調者がいなかった。しかし、これからは活動できそうです。トランプが出てきて乱暴な発言ばかりするものだから、国民が理解しやすくなっている。

斎藤　わかりやすいですからね。滑稽なまでのレイシストだ。石原慎太郎さんも真っ青でしょう。

森田　そうすると日本で独立運動が起こせる。沖縄に限られた独立運動を本土で起こせるようになるのです。かつて私は、岩国市長を3期務めた井原勝介氏、彼が米軍再編計画に同意せず自民党に追われて出直し市長選になったときに岩国へ行って、彼の応援で井原氏と一緒に岩国市内を回ったことがあった。しかし、小差で負けてしまいましたが、また岩国へ行きたいと思っているのです。

斎藤　いいですね。日本独立運動という表現はじつに的確です。

森田　独立運動のための第一歩として、東京都の腐敗を断ちたい。全国民に最初の一歩は東京都の建て直しなんだという世論を起こしたいと思う。

斎藤　ええ。全面的に賛成です。

◈東京都の役人腐敗を成敗せよ

森田　東京都は自民党都連があまりにも鈍感すぎる。他の県では考えられないほど自民党が鈍感です。今の東京都の役人の腐敗状況というのは、どこかで成敗しなきゃいけないでしょう。今、世界が直面しているのは、中枢部の腐敗です。倫理的に優れた人間がいなければならないはずの部署の人たちが腐敗している。民間では不正会計問題で大揺れに揺れた東芝は、戦後の日本の経団連の中心でした。

斎藤　代表的な大企業でした。

森田　石坂泰三とか、土光敏夫とか経団連会長を出した。

斎藤　石坂さんは第2代の、土光さんは第4代の経団連会長でしたし、今度辞めさせられた西田厚聰《あつとし》さんだって会長候補のひとりだったでしょう。それから、引責辞任には至りませんでしたが、社長や会長を歴任した岡村正さんも、たしか商工会議所の会頭でしたよ。

森田　そうそう。そんな日本を代表する企業も頭から腐ってきているわけです。それから三菱自動車も。さらに次々と建設会社まで不正問題が出てきてね。それで今度は東京都と電通という巨大組織の腐敗。そして文部科学省。その中で一番大きいのは、私は東京都だと思うのです。

斎藤　首都であるだけでなく、人口も日本全体の10パーセント以上を占めている。一極集中もはなはだしい。

森田　中国が鄧小平の開放政策で、「先に豊かになった者からどんどん儲けよう」と経済発展に取り組んだ。そうしたら中枢部が腐敗してしまった。それで今、整風運動をやっているのですが、腐敗の根が深すぎて間に合わない。私が若い頃、毛沢東が整風運動を起こした。私たちも毛沢東の整風運動の文献を勉強しました。あの時は内戦中だから、毛沢東は、婦女暴行をしたり強盗したりした党員を逮捕して、人民裁判にかけた。それで被害を受けた人間に追及させた。それからみんなの前で公開処刑した。戦争中だからできたことです。しかし今、習近平は平和的にやらなければならない。裁判にかけているかなりの人を処刑しているが追いつかない。ですからすごい深刻な事態です。

中国は対外緊張を必要としています。対外緊張ウェルカムだと思います。トランプが台湾を認める、「二つの中国」だと言ったら、「台湾海峡、波高し」、いつ戦争が起こるかわからないという情況になってくると思うのです。すでに中国は米中断交の腹を決めています。米中衝突がその部分戦争として起こってくれれば、中国は腐敗分子を整理する整風運動をかえってやりやすくなる。米中関係は、今は非常に危ない状況です。腐敗というのは、かなり深刻なことなのです。日本でも今の腐敗をどう整理するかというのは大きな問題なのです。ですから私は国民世論や、都民の世論で、腐敗体質を潰すしかないと思うのです。

斎藤　私たちの国も、中国だ、北朝鮮だと言って、やたら外国の非難が強まっている時代は要注意です。日本中が腐り切っているように、私には見えます。

◈舛添都知事辞職の裏側

斎藤　2016年の都知事選に至る前の過程で、舛添要一都知事があああいうかたちで追い落とされたのには何か裏があるのでしょうか。たとえば、オリンピック利権をめぐって森喜朗さんとの間に確執があったとか。

森田　森さんにしてみたら、舛添都知事はむしろ使いやすかったと思いますよ。というのは、今、小池都知事は五輪の開催に関して、政府や組織委員会と対等以上の要求をしています。「東京」オリンピックなんだからと。それに対して森のほうは、IOC国際オリンピック委員会や政府を引っ張り出して、その4者で対等なんだという態度です。しかし、舛添のときは、初めから森の従者で結構ですからという姿勢でした。

斎藤　従順でしたね。

森田　小池になって森としてはあてがはずれた感じがしていると思います。舛添とは以前もテレビで一緒のことがよくあったのですが、コマーシャルの間に、自分がどうやったら得か損かという相談を果てしなく私にしてくるのですよ。あの男も典型的な自分さえよければの男です。あの騒動のとき、ケチなことをして墓穴を掘った。家族と行った温泉宿泊費の37万円くらいのお金をケチったために落ちちゃったね。

斎藤　あれは「ホテル三日月」というのが、庶民の怒りに火をつけましたよね。深夜のテレビコマーシャルで。みんなが知っている温泉旅館だから。どこか悪党になりきれないところがあったのかもしれない、なんて言ったら甘すぎるのでしょうか。

森田　だから家族で行って遊んでいました、すみませんでしたと言って謝って、金を払えば終わっていたものを。それをなにか公的な理由があったとか、「出版社の社長」だとか言い逃れして、それでその社長のことを調べられたら、もう死んでいたとかね。嘘が全部ばれてしまった。だから小さな嘘で飛んでしまった典型的な例ですよ。

斎藤　最初は何がきっかけだったのでしたか。あれは『週刊文春』のスクープから始まったと記憶しているのですが。今の『文春』が純粋にスクープしたとは考えにくい気がしてしまうのですが。

森田　おそらく東京都の中からの告発だと思うのですよ。というのは、出張なんかでもものすごいお金を使っていたわけでしょう。飛行機なんかもファーストクラスで、ホテルもスイートルームで、めちゃくちゃやっていたようですから。つまり、もう殿様になったような気分で使いまくるわけですよ。だから東京都の中から、あまりにひどいんじゃないのというリークがあって。それで文春の報道になったのではないかと思いますけどね。実際、あまりにもひどいものね。

斎藤　公私混同があまりにせこい。石原さんみたいな泥棒そのものよりはまだしもマシであるわけですが。せこ過ぎたのが災いして、盗っ人ぶりがわかりやすくなってしまった。

森田　だから小さな嘘はすぐにばれるんですよ。ヒットラーじゃないけれども、大きな嘘はばれないけどね。

斎藤　都知事選で落選した鳥越俊太郎さんのスキャンダルというのは、あれは何か裏はあるのでしょうか。あれはあれででっち上げではなかったのでしょうけれども。

森田　鳥越スキャンダルのことは知りませんが、やはり野党のほうが弁護士の宇都宮健児をやめて、それで鳥越が候補の座についたことについて、かなり納得できないという思いがありました。民進党の岡田が、鳥越が超著名人だと思って、彼さえ出せば当選できると考えた。それで岡田をうまく言いくるめて統一候補になったことについては、いろいろなところから反発がありました。ただ、30年間ほどテレビの仕事をしてきて、テレビ界には偽善的人物や、インチキ人間が多かったとは思っています（笑）。

斎藤　宇都宮さんをああいうかたちで切ったことで、共産党も民進党も、もうこれから誰も候補者が出てくれないいんじゃないかなという気がします。人間同士の信義というものが、これっぽっちも顧みられていなかった。人生を賭けるには、危なすぎる人たちですから。

森田　宇都宮を切って、鳥越を推したのは失敗だったと私も思います。大失敗だった。やはり、努力している人間を評価してやらないといけないですよ。

斎藤　私も以前は、よく出馬してくれと誘われることが多かったので、どうしても頼まれる側の立場で考えてしまうのです。あれではもうとても信用して出られませんよね。その気になったらすぐにはしごを外されそうで。

森田　典型的なポピュリズムですよ。鳥越が出るといったらバーッと決まってしまう。典型的なテレビ・ポピュリズムですよ。

斎藤　テレビ有名人なら何でもいい、と。有権者もとことんなめられた。つくづく情けなかったです。

森田　あれで、革新はつぶれたようなものです。

斎藤　それこそ身体検査をしてからにしてほしかったですよね、せめて。

森田　テレビ局であれだけ長くやっていると、女のほうから言い寄ってくることだって相当あるようです。あやしい世界です。

◇都知事ポピュリズムの起源

斎藤　少し話を戻させてください。青島知事の時代からタレント知事の時代へと大きく崩れてきたわけですが、なぜその時からマスコミ、テレビが都知事を決めるような選挙になってしまったのでしょうか。

森田　美濃部は実力で勝ったのです。あれは社共共闘vs.自民・民社共闘の闘いだったのですが、美濃部は3回勝った。ところが美濃部都政が財政問題で大蔵省の反撃を受けて潰された。

そして行政改革の世論が醸成されて鈴木俊一が出てきて、鈴木が4期都知事を務めた。鈴木の最後のとき（4選目）に小沢一郎が出てきて磯村尚徳を立てた。そこからメディアの介入がどんどんなされていくわけです。それまではメディアが主導して都知事を決めるということはなかったのですが。ところが磯村が敗れて鈴木が勝ってしまった。それは一期で終わるんだけれども。そうして鈴木が引退すると今度は青島が出てきた。マスコミは青島に乗った。それで青島は圧勝した。

斎藤　すると、磯村さんが出たからメディアがいろいろくっついてきたということなんですか。彼のパフォーマンスはみっともなさばかりが目立ちましたけど。

森田　あのときにポピュリズム的な要素の一部が出てきたということです。磯村がＮＨＫ出身でなければ民放ももっとついたと思うんですよね。だけど磯村は勝てなかった。だからマスコミ主導の第1弾は、マスコミが小沢と組んだことですよ。それは磯村で敗れたんだけれども、次は青島で圧勝。

斎藤　例の風呂屋の三助のＰＲ映像がやりすぎだというんで、かえって失敗したわけなんだけれども。でもマスコミが主導権をとるようになったというのはそこからなんですね。

森田　だから、たしかあのとき、石原信雄も立って敗れたでしょ。

斎藤　竹下登政権以来、村山富市政権まで、七つの内閣で官房副長官を務めた。青島さんが知事になったときです。

森田　石原氏は旧自治省のトップでした。

斎藤　鈴木さんの公認後継者みたいな人でしたね。自治省というより、旧内務省の復権みたいな格好で。

森田　それから石原慎太郎が当選した1999年の選挙のときには国連事務次長の明石康さん。彼もマスコミに葬られた。それであのときは、石原が後出しジャンケンで、告示日直前に突然、それまで務めていた衆議院議員を辞職して都知事選に立候補した。それで、保守陣営から明石康のほかに鳩山邦夫、舛添要一、柿澤弘治、共産党推薦の三上満らは出馬したが敗れた。

それから後は、もう石原慎太郎の独擅場《どくせんじょう》でした。それで石原の時代にいろいろなことが起こって、とくに新銀行東京の問題が起こった。それでやってられないというときにうまく橋下を利用して、維新の党で国政にうまく戻った。あれもうますぎるやり方だった。それで結局利用するだけ利用して、さよならということになった。

斎藤　石原慎太郎さん本人は、はっきり言ってどうしようもない。世の中にはああいう人もいるんだということでしかないとしか思えません。私にはそれよりも、あのような人をわざわざ都知事に祭り上げた都民というのが信じられない。人を見る目がないのにも程がある。

森田　結局、近所づきあいがない社会。それから刹那的に住んで次々と移っていく安定しない社会になってしまったことが大きいですね。

斎藤　愛郷心なんか、これっぽっちもない。

森田　ないんです。長く住んではじめて愛郷心ですから。ちょっと止まり木に止まるような形で住んでいるだけだと本当の郷土愛というのが育たないんですね。長い期間生活している一部の人にはあるんだけれども、一時的な生活者では育たない。それからろくな政治家も育たないわけですね。地元のために努力するというのではなくて、マスコミに乗ってテレビに乗って名前を宣伝すれば当選できるという、旅ガラスみたいな政治家が増えることになる。

斎藤　時代が進めば進むほどそういう層が増えてきたようです。

森田　あらゆる職業に共通するのは、長年その道でやって初めて一人前になるわけで。だからそういうことがなくなってきてますよね。

斎藤　みんな派遣です。

森田　だから東京は政治家が育っていないのです。戦前の東京には結構いたんですよ。戦後でもしばらくの間はいたんですよ。東京一区であれば鳩山一郎がいたし、浅沼稲次郎がいたしね。結構やっぱり根のある人たちがいたんですよ。それぞれの選挙区に名物代議士がいましたよ。だけどやはり、高度成長の中でどんどん人口移動が起こっていくに従って、東京から選出される政治家がどんどん小型化する。都議会議員も誰がやっているかわからない。

斎藤　何か解決の方法はあり得るんですか。東京市のお話も必要な議論だと思いますが、人口の流動化に対応するような選挙制度といいますか。

◈国政では小選挙区制を廃止せよ

森田　私はやはり国政で言えば、衆議院を中選挙区にしないとだめだと思うのです。中選挙区にすれば自分の後援会を作るでしょう。自分の支持者がついてくるわけです。そうするとやはり地域との結びつきが強くなりますし、自分の支持者を通じて市民の要求というか、市民の考えはつかめます。今は政党の上にポンと乗っかっているわけですから。それはイギリスのものまね、アメリカのものまねと言われていますけど、イギリスはその地域で予備選をやるわけです。それで地域で候補者を決めるわけです。ところが日本の場合は上で候補者を決めるわけですよ。結局、地域に政治勢力が育たないんですね。個人の後援会だって昔からやっている人たちだけでしょう。新しい候補者たちには個人の後援会はありません。だから政党の上に乗って、政党の名前の力を借りて、テレビに出て、あるいはインターネットで宣伝して、それで名前を売って当選してくるというので、根無し草の政治の集団になってしまいましたよね。

斎藤　地方でもそうだということですね。

森田　そうです。だから東京都議会議員も、やっぱりもう少しそれぞれの個人が地元に根を持つような後援会というのをきちんと作らないといけませんといけないといけないんですよ。そうすると同じ自民党ならば、その時の衆議院議員をトップとして、そこに都議会議員がいる、区議会議員がいるというかたちになって。そこにひとつの基礎ができる。今はそれがなくなってしまっている。だから今みんな言うのは1970年以後の日本の最大の失敗は二つあって。ひとつは原発、ひとつは小選挙区の導入。この二つで日本はめちゃめちゃになってしまったのだと言う人が多いのです。

斎藤　なるほど。小選挙区は財界によっても推進されたのでしたが、当時の経済同友会の副代表幹事だった、亡くなった品川正治さんが、それをとても反省していると話してくれていたのが印象的です。あのときは政治改革だというので乗ってしまったけれどもと。

森田　マスコミも熱狂した。各紙の論説委員クラスやテレビの解説者やらがみんな政府の選挙制度審議会に入って、それでみんな協力したんです。私は小選挙区なんか導入したらとんでもないことになると反対しましたけどね。政策で選択するとか言っているけれども、そんなのは何十年もかかることで、ダメなんだというんで反対の論陣を張っているうちに、まったく孤立してしまいました。その頃、『東京タイムズ』の論説委員をやっていて、毎日論説を書いていました。

結局、当時、政界で小選挙区制度反対を言っていたのは小泉純一郎ひとりになってしまっていた。だから政治評論の世界では森田実、政界では小泉。この二人が小選挙区反対論者だということで、それで時々対談やってくれと企画を持ち込まれて、3回くらい小泉と対談をやりましたよ。そうすると小泉は、何にもしゃべらないんですよ。対談中、小泉にこちらがさまざまなことを聞くのですが、ジーッと黙っててね、「何か言ってくださいよ」と促すと、いきなり「小選挙区反対！」と叫ぶのです。

斎藤　小泉さんはその頃からワン・フレーズだったのですか。

森田　そう。スローガンをいきなり叫ぶわけですよ。そして、その後また沈黙。

斎藤　対談にならないですね（笑）。

森田　何度会っても同じでした。とくに私のことが嫌いだからそういう態度をとっているとは思わなかったんだけれども。「小選挙区反対はわかりましたから、なぜ反対なのかを話してくれませんか」と言うと、またジーッとしていて、いきなり「小選挙区反対！」と叫ぶだけなの。これが小泉純一郎という政治家でした（笑）。

小泉とは、小選挙区のときはそんな関係だったのだけれども。前に話したように、郵政民営化のときには簡単に私は葬られてしまったわけですね（笑）。とにかくね、熱狂でしたよ、みんな小選挙区、小選挙区ってね。

斎藤　熱に浮かされたみたいなね。それは、でも、何でだったんですか。それもなんだか不思議なんですけど。

森田　あの時はやっぱり新聞テレビが、小選挙区は善なるものと、もう一方的に宣伝しましたからね。郵政民営化と同じですよ。興奮状態でした。ものすごかったから。

斎藤　私もマスコミで30年以上も働いてきたのですけれども。最近、なにかやればやるほど自分がいる世界が不気味になってくるのです。私たちの仕事というのは、みんながこうだというときに、いやそんな簡単じゃないよというのが商売だろうと思うんだけど。そうやって振り返ってみると、いつでもそうですね。必ず政府なり政権なりアメリカなりが作ったストーリー通りに乗っていくというのは、どうしてそうなってしまうんですか。やっぱり電通ですか。

森田　原発はアメリカですよね。それでみんなが乗って。ついに福島の原発をアメリカの会社に委ねたものだから、あんなずさんなことになって、２０１１年のあの大惨事になるのです。つまりあれは原発がアメリカに依存していたのが原因。これは正力松太郎とか中曽根康弘が昭和30年に法律を作ったときからずっとアメリカ依存なのですよ。それで吉田が倒れて鳩山が出てくる間、ある程度空白期にアメリカがガーッと押し通したんです。

それで小選挙区も、アメリカがやっぱり画策したんじゃないかという説もあるんですけど。ただ小選挙区の場合は、まず鳩山一郎内閣が昭和31年（１９５６）に憲法改正のために小選挙区制の法案を出した。これは本当の戦いになってね、我々も国会へ突入デモをやって、何度も警官隊の棍棒でボコボコにされたのですが、それでとにかくそのときの小選挙区制導入は潰れたのです。

それから次に、田中角栄内閣が、高橋雄豺《ゆうさい》という読売新聞の副社長を、選挙制度審議会の会長に据えて、それで答申をまとめさせて実現させようとしました。ただこのときは、少数意見を尊重しようというので、比例代表制を加味した小選挙区制案になるのです。このときは田中角栄が絶好調のときでしたけど、このときですら自民党がNOと言った。自民党は中選挙区制を変えるのに反対したのです。それでまたも潰されるのです。

それで三度目の正直が竹下・小沢です。このときは、マスコミを取り込むのがうまかったんですね。というのはすべての論説委員を糾合しましたから。そして全部の新聞が賛成論になって、それで通してしまったんですよ。だからあのときは、私も内部で戦いましたよ。細川政権ができて、細川政権は、小選挙区制、この政治改革だけをやればいいんだというようなことが言われていたから、まだあの頃は私もテレビで相当自由にものが言えたので、バンバン叩いたのですよ。それで細川政権ができた1993年の翌年の1994年の初めに、法律が衆議院は通ったのですが、参議院で否決になりました。否決になった原因は、社会党が大量欠席したためです。当時、村山富市が委員長で、深夜に村山が相談したいというので、彼らのアジトの雷門のホテルの25階へ行って、そこでいろいろ会談しました。私は法律等のさまざまな資料を持っていって、解説しました。それで結局、両院協議会になったのです。しかし両院協議会でもどうにもまとまらない。それで当時、私は朝から晩までテレビに出ていました。多いときは日に10回くらい出ていたから、もう細川政権は衆議院を解散しろとテレビで叫び続けました。衆議院解散して選挙をやれと言ったのです。そのときに選挙をすれば中選挙区なんですから、小選挙区は潰れるんですよ。細川よ、選挙をやれと。そうしたら森喜朗幹事長が選挙を恐れるのですよ。細川で選挙やられたら、自民党は潰れてしまうと。だから森はただのネズミじゃないね。それで河野洋平自民党総裁と二人で、トップ会談を申し入れてきたのですよ。その相手が細川と小沢。

そのトップ会談で小選挙区を受け入れるということになった。そうしたら小沢は大満足で。もう王様ですよ。小選挙区さえ入れてくれるんだったら、もうあとはよきにはからえ、割合をどうするかは任せると。そして森たちに素案を作っていいよと言った。それで法律を通したんですよ。だから結局、小選挙区の法律が出来上がったのは、細川に総選挙をやられては潰れると恐れた森たちが元凶なのですよ。その間、私は相当深入りして関与していたのです。細川首相が1994年4月に辞めて、羽田孜《つとむ》が後継首相に指名された。しかし、羽田内閣がすっかり少数派になってしまって、いろいろな分裂が起こってしまって、それで総辞職をするか、解散をするかしかないということになった。とくに自社さきがけは不信任案を出すというのですから。というので、私は不信任案を受けてね、不信任案が可決されたら憲法69条でもって堂々と解散できるから、69条で解散しろと言い続けました。当時、熊谷弘氏が内閣官房長官をやっていました。彼は非常に有能です。羽田内閣は熊谷氏が総理大臣みたいなものでした。実力からいってね。それで解散総選挙をやれと、私は政府の幹部に直接言ったのですよ。ところが、ぎりぎりのところで、朝方4時頃、こともあろうに羽田は竹下登に電話を入れた。親分はやはり竹下です。「先生、意見聞かせてください」と羽田に聞かれた。そうしたら竹下はうまい。やはり政治家は名を惜しむべきだと言ったのですよ。今、小選挙区をここで定着させるか。それともそういう方向を潰すかが君の肩にかかっている。解散総選挙をやりたい気持ちはわからんではないけれども、ここは君の名が大事だと。小選挙区を実現したのは羽田だと、君の名が永遠に残るから。ここは総辞職だと説得されて、ついに、総辞職になってしまった。解散すれば中選挙区制が存続するのです。それで小選挙区制が実現した。1996年の第41回衆議院選挙で初めて小選挙区制が使われました。あの1年間か2年間は、私もずいぶん深入りして関わりました。

結局、羽田内閣が総辞職した。それで小沢は海部俊樹を後継候補にした。一方、野中、亀井、森、こういう人たちが村山を担ぎだした。そして村山が勝ってしまった。あのとき村山は、票読みやったら、負ける状況だったのです。それでもなぜ村山が勝って海部は負けたのか。それは、中曽根が村山を勝たせたと言われました。中曽根が記者会見をやって、「私は海部を推す」と言ったのです。そうしたら社会党の連中が中曽根とは手を組みたくないから、それなら自民党と組んだ村山にいこうというので、30人ぐらいの動揺分子が、中曽根の声明を見て、海部から離れて村山に行ったのです。

斎藤　中曽根さんの作戦勝ちということ?

森田　いやいや、中曽根の意向はわかりませんが、あのときは失敗したと思った。中曽根は本当に海部を勝たせたかったのではないか。だけど自分が潰してしまったのですよ。気がついているか気がついていないか、わからないけどね。30人ぐらいの反・村山だった社会党議員が村山支持に戻ってしまったのです。

斎藤　でも結果論でしょうけど、その村山さんが結局、社会党を潰す原因みたいになっていくわけですね。

森田　そうです。

第6章

雇用と平和を守る東京都へ

◆中小自営業者が勃興してマルクス主義が敗北した

斎藤　まだこれちょっと未確認なんですけど、築地の仲卸の人で、東京都を訴えようとしている人たちがいますよね。その関係の人に聞いたことがあるのですが。新市場、豊洲では、ある超大手流通企業が全体を仕切ることになるのだそうです。そういうような魚市場が今全国で結構できているともいう。だから豊洲は昔ながらに仲卸が作ってきた市場の形態が、巨大流通資本による支配を受けていくかたちになっていくひとつのプロセスなんだという説明をされたことがあるのです。ちょっとはっきりしないところがあるので、書く場合は確認しますが。きっとその種の利権も絡んでくるのでしょうね。

森田　今は地方都市を回るとイオンがね、イオンモールというのを作ってね。

斎藤　あれで商店街がみんな潰れてしまった。町と地域社会が破壊されてしまいました。

森田　カール・マルクスが『共産党宣言』を著したのが1848年ですよ。それで影響が出てきてね、次にパリ・コミューンが1871年でしょう。これでもって、ヨーロッパのインテリは共産主義にいくんですよ。それで階級闘争が激しくなっていくのですよ。ですが、その世紀の終わりにはね、ヨーロッパではマルクス主義は敗北するのです。ベルンシュタインなんかが出てきてね。あれはエンゲルスの秘書ですよ。だから共産主義の終わりを彼が宣言して、社会民主主義の時代に入っていく。なぜかと言うと、結局、階級分化して、大多数のプロレタリアートと少数のブルジョワジーに分かれるというマルクスの予言がはずれたのですよ。どうしてはずれたか。中間層が生まれた。具体的に言うと、商店ができた。家庭と商売とを一体化する。

斎藤　生業《なりわい》ですね。

森田　生業。だから家庭と商売が一体の中小自営業者。

斎藤　労働者と資本家の関係だけではないということです。

森田　そうそう。それで街に商店街がずっとできた。そしてこれが中間層を形成した。つまり、これが『共産党宣言』の予言を潰したのです。だから資本主義のいわば救い主というのは、家庭と商店。時計屋だとか八百屋だとか魚屋なんですよ。

斎藤　それを潰してしまったら、再びマルクスの出番です。

森田　新自由主義はこれを潰してしまったのですよ。だから資本主義の守り手を潰してしまったのが、新自由主義グローバリズムなのです。

斎藤　では今はもう資本主義も末期だということですか。

森田　末期です。だからもう資本主義の危機なのですよ。イオンが行ったところはもう草も生えない。

斎藤　ペンペン草だけですね。私は東京の池袋の、従業員もいない零細な鉄くず屋のせがれだったので。まさにその生業のところにいたんですよ。だから今の世の中で生きていくのが、すごく辛い。

森田　結局、資本と労働者に分かれているように見えて、実態はそこにはもうひとつの、家庭と商売とが一体の、その町の八百屋、町の魚屋、町の時計屋等々というのがあって、これがヨーロッパの社会民主主義の土台だったのですよ。それでケインズのいう修正資本主義の土台だったんですよ。

斎藤　それはなにかちゃんとした学説になっているのですか。

森田　私がずっと言っている。私の昔からの持論。

斎藤　ところがその都市自営業というのは完全に没落しましたからね。

森田　だから１９８０年代末から導入された大店法で、駅前の商店街がことごとく潰されてしまった。だから日本の社会はものすごく弱い社会になった。私はそれをずっと言っているのですが、最近は『資本論』を読んでない人が多いのですよ。1848年の『共産党宣言』で書かれている、人類の歴史は階級闘争の歴史であり、人類はプロレタリアートとブルジョワジーに分裂するというようなこともあまり知らない人が多い。だから私の言っていることは、支持者が出てこない。反対者はいるんですが。でも支持者が出てこない。

斎藤　私はすごく共感します。かねて私も、自営業というのをテーマに書きたいとは思っているのです。地味すぎるのでどこの出版社も出してくれないと思っていたんですが、そういうふうに話がつながるのならば、展望が開けます。

森田　今、地方創生の掛け声で起こっていることはそれの復活なんですよ。家庭と自営業の復活。だから今、安倍内閣と農協が闘っているのは、家族で農業をやっているところをぶっ潰してしまおうという話でしょう。資本主義にしてしまうんでしょう。農協はこれと闘っているのです。だから農協がしっかりしなきゃいけないんですよ。家族でやる農業を守れるか守れないかの、いわば岐路に立っているのです。

斎藤　農業が企業化されたら農民は派遣労働者にされてしまいます。寄生地主と小作の関係に戻ってしまうのではないですか。

森田　そうなんですよ。せっかく戦後、農地改革をして作り上げた、家族によって支えらえてきた農業経営が潰されているわけですから、今は分かれ道ですね。「地方創生」というのはじつは商店の復活のことなのですよ。

斎藤 本気でやってくれるのなら、それはじつに結構なことです。

森田 そうやって家族と一体化された事業が、つまり資本主義でないものが資本主義を支えてきたわけです。だからそれを復活させる以外に方法はないのです。今マルクス、マルクスと言い始めた人たちがいっぱい出てきているけれど、やっぱりもうちょっとちゃんと勉強してもらいたい。つまりマルクスが何に敗れたのかと。家庭に敗れたんですよ。

斎藤 なるほど。それは素晴らしい説だなあ。

森田 それで私たちの世代はそれをやってきてるから。真っ赤っかだったわけですから、若い頃はね。それでやってきて、なんで我々は敗れたんだろうと考えた。

斎藤 結局、農地で革命が起こらなかったのは農地解放のためですものね。

森田 だから戦後すぐの改革の中で一番よかったのが農地解放なのです。

斎藤 農民をプチブル化させました。

森田 それを今、潰そうとしてるんですよ。

斎藤 そうですね。都市自営業もみんな自民党支持だったわけですし。

森田　家族がどうしてここまで貧乏になったのかといえば、家族で事業をやりながら、生産と消費を同時に行う最小の組織が解体されたからなんですよ。だから貧困化が進んでいるわけです。戦時中でも貧困化には耐えられたのです。戦後でもまだそれがあったから耐えられた。しかし、今は耐えられない。

斎藤　そう、だから家業を継げばいいみたいなところもあったしね。私もずっとそのつもりでした。

私は、最近、E・F・シューマッハの『スモール・イズ・ビューティフル』を読み直し、新しい展望につなげられないかと考えています。今のお話をシューマッハと結びつけたら面白いかもしれません。

◇財政破綻寸前の町を救った「自立」の精神

森田　私はこの間、島根県隠岐《おき》の島の海士町《あまちょう》へ行ってきたのですが、病気療養中だったけれど、3日間滞在して、そこで『スモール・イズ・ビューティフル』を講義してきたのですよ。盛り上がりましたよ。2300人の町全体がね。海士町は本当にユートピアでした。海士町は合併を拒否して、ものすごくきれいな町になったのです。合併を拒否したから、交付金を切られました。この苦難を乗り越えて、よい町になった。

どういう経緯かと言うと、100億円以上の借金を抱えた、財政破綻寸前のどん底から2002年に町長になった山内道雄町長がまず合併反対運動を起こして、この人がいい度胸です。その頃、町は夕張の次は海士町だとばかりに県から締め上げられていたのです。それでも断固自立でいくと頑張りました。まず自分の給料を半分にしたのです。夫婦二人だから暮らしていけるとね。そして、自分の給与の残り半分を子ども手当にしようとやっているうちに、町の幹部たちが、自分も仲間に加えてください、自分たちの給与も減らしてくださいということになって、そうしたら、職員組合も私たちの給与も減らしてくださいと続いてね、それでみんなで力を合わせて働き始めて、今や日本のいちばんいい町になってきたのです。どん底からスタートしてね。国家公務員との給与の比較を表すラスパイレス指数が72だそうです。職員の給与も低い。それも組合が下げてくださいと自ら申し出たそうです。我々の給与を下げた分で、子育ての補助金を出してくださいと。だから町がみんなまとまった。町がみんな力を合わせてね。きれいな町になってますよ。

小池都知事がパフォーマンスかもしれないけれども、給料を半分にしたけれど、じつは市町村長が給料を半分にして成功した例というのは、この海士町のほか、いくつかあるのですよ。

それからこの間行った長野県の青木村。ここも合併を拒否したのです。ここも、上田の隣ですが、きれいな町ですよ。ここの職員も給与が低い。でもみんなのためにやっている。それで町民は自信満々ですよ。町全体が本当にきれいになった。

それから福島県南部の矢祭町にも行きました。こういうところはどこも合併を拒否して、どん底からスタートした。そしてスローガンは自立ですよ。自主独立。独立自尊。これで町村がかたまって、周辺の町を越えてしまったのです。だからキーワードは自立なんですよ。だから日本も、トランプに対して、独立自尊でもって、困難があっても突き進めばよいのです。世界の海士町になればよい。海士町は今、シューマッハの『スモール・イズ・ビューティフル』を勉強しています。これから広がります、シューマッハの考え方は。

だから市町村に自主権を持たせることが重要です。東京都の区市町村は自主権がないんですよ。他のところに比べても。

斎藤　たしかにそうです。

森田　特別区が奴隷ですから。これに自主権を持たせる。ここからやっていくしかないんですよ。中枢部が頭から腐ってるわけだから。腐った頭に期待したって仕方がないんですよ。ここから、草の根から作っていくしかないのです。

斎藤　東京都みたいなどでかい都市を、独裁みたいに統治できるわけがありません。やろうとすること自体が傲慢だ。

森田　それで草の根から作る鍵は、家庭と商売との結合ですよ。

斎藤　何のための経済なのか、という根本の問題なのですね。グローバル巨大資本を絶対の存在とし、公的セクターまでが彼らの利潤追求を促すことを最大の役割と捉えているような現状は、絶対に改められなければならない。人間の生活を破壊する経済成長だなんて、愚かしいにも程があります。

◈昔の政治家は批判を恐れなかった

斎藤　編集部が送ってくれた1950年の『都政新報』の第1号というのを見たのですが。ちゃんと安井誠一郎が最初の祝辞みたいなのを書いていましたね。都政新報は労働組合系で、これから自分が批判されるようになるというのに。昔の政治家のほうが器がでかい、あるいはでかいふりをしてくれましたね。一応そういうお約束がありました。

森田　その頃は批判されるのは当然だというようにみんな思っていましたね。だから田中角栄なども、バンバン批判されているときに、それで飯が食える人がいればいいんじゃないのということを側近に言っていたと聞いています。田中角栄とタイトルにつくと2、3万部売れたのです。

斎藤　そんなふうでした。

森田　そうするとそういう書き手が食えるようになるのならいいと言ってね。反対意見に対して寛容であることが、ある意味では大物政治家の条件だったのですよ。それで私が、どのような経過で自民党の何人かと仲良くなったかというと、早稲田大学の政治学の教授で吉村正という偉い先生がいました。この人は総長にはなれなかったんだけど、総長になると言われていた人です。私が浪人しているときに吉村先生の息子の吉村融《とおる》さんから連絡がきて、「親父が会いたがっているから会ってくれないか」というのです。吉村正先生といったら、それは当時有名でしたからね。だから「どこへ行ったらいいですか」と聞いたら、自民党本部だというんですよ。それまで自民党本部の中には入ったことがなかったんですよ。国会デモは何百回やっててもね（笑）。自民党本部に入ったのはその時が初めてでしたよ。それで

9階の中央政治大学院の院長室というところを訪ねてくれというんで行ったら、吉村正先生が「私が会いたいんじゃなくて、会いたい人は別にいるのでそこに行きましょう」というので、たしか4階か5階の幹事長室に行きました。そしたら橋本登美三郎という田中内閣の幹事長が待っているんですよ。田中内閣による総選挙の直後です。それで橋本さんは「竹下を呼べ」と言って、すぐに竹下登さんを呼びましたね。竹下が、当時、筆頭副幹事長でした。そのとき竹下さんがもう一人連れてきたのが衆議院議員の奥田敬和だったんです。この人が広報委員会の副委員長をやっていた。それでこの3人と話をしたら、じつは総理から特命が下って、この自民党本部の建物を13階建てに建て替えて、3階までを党本部にして、4階以上を新聞社にする。そのための100億円の資金を用意したという。それで図面は総理自身が引いた図面ですといってこう見せるわけですよ。田中角栄が引いた図面を見せられました。橋本氏が吉村正教授に相談したら、面白いやつが遊んでるから頼んだらどうかと。奴だったらそういうことをこなせるかもしれないと、吉村君にお願いして来てもらったと、私が呼ばれたのはそういうわけだというのです。

だいたい新聞社と出版社というのは、50年やって初めて信用ができるような商売でね。明日から役に立つような新聞社を作るというのは、それは無理だと思うと私は言ったのです。

それで100億円用意したというのが知れ渡ったら、ジャーナリズムの世界にはゴロツキみたいなのがいっぱいいるから、そういうのがワーッと集まって、摑み取りでもって持って行ってしまうことになるのはもう目に見えている。だから今の提案は考え直して、むしろもっと真面目に地道にやったらどうですか、と言いました。だからあなた方政治家が一生懸命真実の報道の情報を知らせて、そしてあなた方が許容できる程度の報道を仕向ける。あるいは番記者を教育するとかいう、長い目でやるのが本道ではないですかと。新聞社に対抗して、自民党新聞社を作ったところでうまくいくとは思えないと言いました。

斎藤　最初から色つきは……。

森田　やめたほうがいいんじゃないかと私は言ったのです。こちらは反体制派で、吉田内閣打倒からやってきたんだから、はっきり言いました。そうしたら橋本さんが怒り始めてね。俺も朝日新聞にいたので、新聞のことは知ってるんだと。君からお説教を受けるために呼んだんじゃないというんですよ。それで私も若かったから、初めて行った自民党本部で喧嘩になってしまった。「私はあなたに比べて年はうんと若いけれども、少なくとも私はあなたに招かれてきた客だ。客に対してその口のきき方は改めてもらいたい。与党の幹事長たる者がそんな失礼な態度をとるとは何事だ」といって、怒鳴り合いになったんですよ。それで向こうも顔を真っ赤にしてね、こちらも怒鳴り返す。それで幹事長室には陳情・面会の行列ができているわけですよ。各界の実力者、財界の親玉たちが橋本に会いに来るために。それでメモがどんどんどんどん入ってくるんですが、もう橋本さんも頭にきちゃってて止まらないし、こっちも負けて帰るわけにはいかないと。1時間40分ぐらい喧嘩やったんですよ。それであまりにもメモがきて、あまりにも後にみんな待ってるからというので、「これ以上話し合っても仕方がないからもうやめます。こんな仕事引き受けられない、断りますよ」と言って引き揚げたんですよ。自民党本部に初めて入って、幹事長と大喧嘩をやって、竹下とか奥田がいる前でやってるわけですから、ああこれで自民党ともおさらばだなと思いましたよ。

そうしたら3日くらいして、速達が届きましてね、裏面を見ると「橋本登美三郎」と達筆な字で書かれているんですよ。それで巻物でかなりの量が書かれていたのですが、「このあいだはじつに楽しかった。もう一度やりたい。是非もう一度来てくれないか。あれはじつに楽しかった」と書かれていたんですね。それでもう一度行ったら、そのときにはもう百年の友みたいな感じなんですよ。一回やり合ったから。もう喧嘩はありません。橋本幹事長は、男だという感じがありました。

斎藤　きっと計算もあるんでしょうけれども、ハッタリ半分の。でもそういうのが魅力的ですよね。

森田　私は「ヤジ将軍」の異名をとった自由党の三木武吉《ぶきち》の評伝を書いたけれどね、三木武吉ももう批判者ウェルカムっていう感じでね。それでどんどん批判させて味方にしてしまうというようなところがあったね。それが古い政治家の男伊達だったわけですよ。

斎藤　ええ、ええ。私は振り出しが経済記者でしたから、政治家はあまりよく知らないのですが。よく新日鐵の人にそういうことを言われましたね。君たちは我々のことをしょっちゅう批判するけれども、いつでも言ってくれと、そういうときに我々はちゃんと聞く耳を持っているよと。一度こういうことがあったんですよ。鉄鋼業界の中に東洋製鋼という小さい会社があるのですが、そこの大山梅雄という人が再建の神様と言われていて、機械会社のツガミなどを再建していたのです。その人の話になったときに、新日鐵の副社長がなんだかすごくバカにする。それで「どうしてですか?」と聞いた。「ちゃんと再建してるんだし、成果を出してるんだから立派じゃないですか」と言ったら、「しかし彼はすぐに人の首切るだろう」という。そして「首を切っていいなら、企業経営なんて簡単なんだ。斎藤君、君だってできるよ」と。「我々はそれをしないからエリートであり、高い地位にあるんだ」という。鼻持ちならないと言えばそれまでなんですけど、だからエリートと言われる人たちを少しは信じてもいいんだなとそのときは思いましたね。ところがバブルのあたりから急に変わってきてしまって。

森田　私も中央公論が『Will』という経済雑誌を出していたときにね、今、恩人の名前をちょっと思い出せないんだけど、彼が私を救ってくれてね。私に仕事がないもんだから、編集者が私をインタビュアーとして使ってくれたんですね。だから新日鐵会長で第5代経団連会長の稲山嘉寛とかその前の新日鐵会長の永野重雄、東急会長の五島昇だとかね、本田宗一郎とか松下幸之助とか、そういう人たちのインタビューをやったんです。そういう人間も似たところがあってね。もうどんどん批判してくれと。我々にも欠点があるんだから、どんどん批判してくれという。それから「めざましテレビ」をやっているときに、私のコーナーの視聴率がよかったものだから、その頃は私に会いたいという人が多かったですよ。だから随分いろいろな知り合いができたんですが。年とった人たちはやっぱり、どうぞ批判してくださいという姿勢でしたね。無理して言っているなという人もいましたが、本心から言っている人もいましたから。それはやはり本当にある意味ではエリートの誇りですよね。それを隠して謙虚に生きているわけだけれども。そういうものを最近無くしてしまったんですよ。

斎藤　ここ何年か『WiLL』の題字を使っている雑誌とはなんの関係もない、かつて『中央公論経営問題』と名乗っていた季刊誌ですね。経済記者の先輩たちが、あそこでアルバイト原稿を書くのをひとつの目標にもしていたのを憶えています。それにしても、いったい、何がきっかけなんですか。私はこういう仕事をしていて、一番楽しかったのは、つまりこちらが元々悪口を書こうと思って取材しているのに、いざ本人に会ってみるとかえって好きになってしまうとか、逆に教えられることが多かったりとか、最初考えていた話と違う、むしろ裏切られるような、そういう感覚がいちばん楽しかったんです。ある時期からもう、こいつ悪いやつだなと思って会いにいくと、悪いとかいいとかいうよりも、ただくだらないやつだなというふうに思うことばかりが多くなりました。社長とか会長なのに、どこかの係長かなという雰囲気の人がすごく増えましたね。

森田　私は2段階で進んだような気がするのはね、第1段階はやはりテレビが政治の方向を決めるような影響力を持ち始めた1970年代からですよ。つまり田中内閣をマスコミが倒した。その頃からマスコミが自信をもって影響力を行使し始めた。そうするとそれに対して政治家がゴマをすり始める。そういうのが第1段階ですよね。第2段階は小選挙区ですよ。つまり中選挙区であれば有権者に支持される人間しか当選できないわけですよ。だけど小選挙区になれば、候補者にするかどうかを決定できる超実力者に嫌われたら候補者になれないわけですよ。小沢一郎のような好き嫌いが激しい男が実権を握ってしまったから。そして金を持ってくるやつは候補者にしてやる、金を持ってこないやつは候補者にしないということにしてしまったので、ゴマスリしか政治家にならなくなってしまったのですね。誇りある人間が政治家を職業に選ばなくなってしまったということでね。もうガタッと落ちましたね。

斎藤 経済界で言えばバブルとバブル崩壊で、やっぱり2段階みたいな感じはあったんですけど。政治だとそういうことになるんですね。

森田 だから稲山氏などは大きかったですよ、人物が。本田宗一郎氏とも何度も会って、気が合いました。

斎藤 こちらが若かったせいもあるでしょうが、やっぱり今でいうとオーラみたいなものがありましたね。取材していてもこちらがビクビクしながら会っているというような感覚。

森田 都知事では鈴木俊一までじゃないかな。年とってましたしね、鈴木俊一は。

斎藤 青島幸男さんでガクッときました。

森田 その前の美濃部もね、私らからみると、ちょっと親父に比べればどうかなと思うところはあったんだけれども。それでも付き合ってみればやっぱり男伊達というか、そういう面はありましたよ。その前の東龍太郎というのも言ってみれば鳩山一郎みたいなものでね。よきにはからえみたいなところの人でしたよね。安井誠一郎とは会ったことはないけれども、見たことはあるんだ、選挙でね。切れ者で大物だった感じはありますね。

斎藤　能吏《のうり》という感じですか。

森田　そう。

◇吉田茂と日米安保条約締結の真相

森田　だから戦後で活躍した人間で、運よく追放を逃れた連中が、ある時期中心になりますね。中央政界では吉田茂。それからこれは悪いやつなんだけれども、田中耕太郎。これも追放されなくて、戦後生き残るんですよ。

斎藤　田中耕太郎はどうしてだったんですか。

森田　田中耕太郎は、東大教授で商法でかなり業績があって、それで野心があったものだから、内務官僚になって戻ったり、文部官僚の局長になって戻ったりしていた。田中は戦後文部省の中心になった。その後参議院議員になって。そして昭和25年（1950）に最高裁の長官になった。それで昭和25年から35年までの10年間、最高裁長官としてありとあらゆる悪いことをやったんですよ。例えば統治行為論で逃げる、裁判所としての結論を出さない、など。

斎藤　砂川事件ですね。

森田　安保条約についてもね。それで結局、自民党のほうはそのほうが都合がいいものだから、のさばりますよ。違憲の疑いのあるものを合憲だとやるんだから。それから、吉田が昭和27年の10月1日に選挙をやった。憲法7条で解散をした。8月末に解散して、これが憲法違反ではないのかと裁判が起こったのですが、これも統治行為論で、違憲判決を出さない。それを自民党は合憲だと居直って、突っ走った。今、総理大臣はなんでもできる。首相個人で解散もできるというようにしてしまったんですね。この田中耕太郎の10年間で日本の司法がもうどうしようもなくなるわけですよ。

そしてもう一人が安井誠一郎。東京都知事になってからね。場合によっては、追放になってもおかしくなかった人間が、たまたま運命の流れの中で追放を免れて、それで戦前からの実力者が戦後15年ぐらいの間、東京を押さえるわけですね。

斎藤　首都と司法が押さえられてしまえば、どうにもなりません。

吉田茂の場合は、いわゆる英米派というのですか、要するにアングロサクソンにくっついていれば日本は間違いないみたいな考えを戦前から持っていて、だから思想的にも当時の大日本帝国とは相いれなかったというふうに聞いたことがあります。

森田　もっとはっきり言うと血縁関係だと思うんですね。吉田茂はアジアで活躍するんですよ。奉天なんかで相当活躍してね。外務事務次官になって。それで外務省のトップは今はアメリカ大使ですけれども、当時はイギリス大使ですよ。それでイギリス大使で戻ってきた。それで女房が大久保利通の孫なわけですよ。大久保利通の次男が牧野伸顕。そして牧野伸顕の娘が、吉田茂の女房になった。だから吉田は牧野伸顕とは親子関係になる。そして牧野伸顕は枢密院議長をやっているし、天皇の側近中の側近だから、和平工作を吉田茂にやらせた。だから吉田茂は東條に睨まれながら、和平工作をさまざまにやった。外務官僚でいろいろなことを知ってますから。それで東條に捕まるわけですよ。逮捕されて、目黒署にぶち込まれた。それで目黒署が焼夷弾の攻撃を受けて、命からがら逃げ延びたという危ない経験もあって、占領軍が、その前のいろいろな経歴を問題視しなかった。たしかに考え方としてはイギリスにいたし、斎藤さんがいま言ったような考えはあったかもしれませんが。それよりもいちばん大きいのは血縁関係ですね。大久保利通の孫娘とね、つまり牧野伸顕の娘と一緒になったというのが大きいいんじゃないんですかね。

斎藤　当時のことは私には何を言う資格もありません。敗戦国としてああいうやり方しかなかったのかなとは思うんですが。ただ、今、それこそ対米従属だと言われているような流れで、しかもアメリカの掌の上で、でも帝国主義はやりたいみたいな考え方というのは、なんだかそのときの延長線上にあるような気がするのです。さっき話に出た岡崎久彦さんなんか、その典型でした。吉田茂の流れということになってしまうのですか。

森田　結局ね、吉田茂をどうみるかという点では、いろいろな見方があります。私はデモ隊の一員として昭和27年の4月28日、サンフランシスコ講和条約が効力を発した独立の日に、それはインチキだといいながら、その日に国会議事堂に突っ込んだ。その3日後の5月1日がいわゆる「血のメーデー」です。私は逮捕されなかったけれども、血のメーデーは123人が逮捕されて監獄にぶち込まれたりしました。私は寮にいたのですが、寮も警官隊に襲われたりしました。そういう関係だから、吉田茂は仇敵なわけですよ（笑）。吉田茂の次の仇敵は岸信介なんだけれども。

ただ率直に言って吉田茂は最後のところでアメリカにやられたんだと思うんですよね。というのは、単独講和に対して我々は進歩的文化人も含めて全面講和論をとったのだけれど、全面講和論というのは、ロシア、ソ連重視のことです。鳩山が首相になってソ連へ河野一郎と一緒に行き、それで共同宣言で国交樹立して国連に加盟したわけですから。つまり国連加盟というのを実現するためには、全面講和でなければならないという理屈でした。

日米安保条約は、その中身を知ってる人間が4人ぐらいしかいなかったと言われています。吉田と、外務大臣の岡崎勝男。それから外務省の条約局長と北米局長。これは相当調べたんですけれどね、この2人は超エリートで、やがて事務次官になってアメリカ大使になると言われた人ですが。なれなかったんですよ。どこかで消えたんですね。じつはサンフランシスコ講和条約は昭和26年、1951年の9月8日ですよ。それで8月にその全権団を組む臨時国会が開かれた。そこで池田勇人とか苫米地義三《とまべちぎぞう》だとか、そういう人間が全権に選ばれた。それでその全権として行くということを決めた臨時国会で、議員が質問を出しました。安保条約を作るという噂があるけれども、日米安保条約というのは進んでいるのかと。そしたら吉田茂は知りませんと言って答弁して、とぼけちゃうわけですよね。ところが、じつはそのときはすでに条文ができていた。それでサンフランシスコに行って講和会議が行われて、講和条約に全権がサインをした後、吉田茂だけがアメリカ軍から呼び出されて、サンフランシスコの陸軍の将校の施設に連れられて行って、その一室で、向こうが広げた安保条約にサインさせられるわけですよ。私はそのサインは見たことがないんだけれども、見たらしい人間に聞くと、「内閣総理大臣、吉田茂」というのではないのだそうですよ。「吉田茂」だけなんだそうです。吉田が一人で行ったことについては宮澤が証言しているらしいですね。

斎藤　宮澤喜一さんですか。その話はたしかにいろいろな研究書でも紹介されていますが、吉田一人だけが、ということにどのような意味があったのか、深く考察したものは見たことがないんです。単に私自身の勉強不足でしょうが……。

森田　これは有名な証言なんだけれども。そのとき吉田が「君たちは来ちゃだめだ」と言ったという。「傷がつく。俺一人でいいんだ」というので、みんな来るな、通訳も来るなと言ったという。それで一人で行って、一人でサインしてね。それで日米安保条約がそこでできるわけですよ。それでその日米安保条約のことは、吉田茂自身が8月の臨時国会で知らないと言っているわけですから、誰も知らないわけです。国会でも何も議論されず、ただサンフランシスコの軍事施設の一室でサインをした。あの頃の噂ではね、吉田茂の前にあったのは、小銃じゃないかという説もあった。もしサインしなかったら撃ち殺すぞというような状況ではなかったかというふうに噂が流れたのですが、もちろん吉田はそれは否定してます。今は否定されたことになっていますけれども。ともかく吉田ひとりがサインして、日米安保条約が出来上がった。そのときにやっぱりマスコミは恐ろしいなと思うのは、「サンフランシスコ2条約」と報道するのですよ。全然異質な条約をね。

斎藤　2条約といって報道されたのですか。

森田　そう。そして一緒に批准していくわけですよ。

斎藤　それで同じ日に発効する。〝主権の回復〟と対米従属が一体になっていた。

森田　だから条約を結ぶときに国会にも報告せず、閣議でも決定せず。それで全部秘密裡に進めた。しかもそれに関係した官僚は消えていったわけですよ。エリートなのに。

斎藤　そういう人たちはどこへ行ってしまったんですか。ただ干されていったんですか。

森田　局長で辞めて、あとは目立たないようになっていったようですよ。つまり日米安保条約というのは、そういう欠陥条約なんですよ。同時に日本と基地協定を締結するのです。それが日米行政協定です。行政協定というのは非常に評判が悪くて。だから行政協定というものを、いわば合理づけるために日米安保条約を作ったようなものなのです。それで日米安保条約という国際条約に基づいて、行政協定が結ばれたことにしてしまった。これはあまりにも評判が悪いのです。なぜかというと、我々はその基地反対闘争は行政協定反対でやったわけですから。それで政府は行政協定に基づくところの土地収用に関する特別立法で、その砂川の土地収用などをやったわけです。だから我々の攻撃目標は、行政協定だったのです。私は行政協定から地位協定に名前を変えた頃はあまり詳しく知らないんだけれども、地位協定と名前を変えて、ごまかしているように感じます。だから今沖縄を苦しめているのは、地位協定という名前がついていますが、昔は行政協定といったのです。ですから初めに行政協定ありきなんですよ。それで行政協定というのがアメリカにとって一番大事なものなのです。だからこれを合法化するためのオブラートが安保だったのです。つまり基地を日本の中においてアメリカが自由にする。つまり占領下と同じように扱っていくということが可能になったのは行政協定があるためなのです。

斎藤　先ほどの2条約ですが、日本政府は2013年に4月28日を「主権回復の日」に指定しました。最初あの日に祝典を挙行しようとした。でも沖縄の人たちが相当反対したので、祝典ではなく単なる式典になったのです。沖縄の反対は、「沖縄や奄美や小笠原はどうなんだ。これを外しておいて主権回復もないだろう」みたいな言い方でしたが。私もあのとき、安保も同じ日に発効しているのだから、これは今に至る対米従属の源、屈辱の日ではないか。それを主権回復だといって喜べるのかと批判したのですが、こうやって改めて整理してみると、最初から独立というのが、アメリカの属国としての独立ということでしかなかったということになってしまうのですね。

森田　そうですよ。だからアメリカのほうにしてみれば、行政協定さえあれば日本の中に基地を置けるし、日本はアメリカのものだということです。しかしそれだけでは弱い。だから日米安保条約ですべて日本全体を縛ってしまうということであの2条約になったわけです。だからこの第1次安保条約は国会で議論もされていないし、アメリカが案文を作って吉田にサインさせただけだから、ボロボロの欠陥条約なのです。改正条項もないし、破棄条項もないし、期限もないし。めちゃめちゃな欠陥条約なのですよ。

斎藤　「主権回復の日」もそうですけど、今の自民党の憲法改正草案も、2012年の4月28日に発表されているんです。それはあえてそうしたんだと、自民党の憲法改正本部長だった保利耕輔さんが私に話してくれました。だからどこまでもアメリカの掌に乗るということが日本の指導者層のひとつの条件みたいになっているのですね。

森田　その後は日米同盟と言っているけれども、日米同盟というのは二つの文字を省略してるわけですよ。日米「従属」同盟という。この「従属」を除いているわけですよね。

斎藤　これもずっと安保安保って、安保体制といっていたのが、いつから日米同盟なんていう言い方になっていったんですか。

森田　レーガンが出てきたときからですね。

斎藤　レーガンがそういう言い方をしてきたんですか。

森田　それ以前にも「日米同盟」という言葉はあったが、よく使われるようになったのは、レーガンに対応して、鈴木善幸、中曽根康弘の時代からでした。だから安保という言葉よりも、もっと大きくアメリカとしては日本を包んでしまいたい。それから安保ということになると、どうも臭いでしょ。従属的な関係でね。だからそれを対等みたいに見える日米同盟にしようと始まった言葉だと思います。すごいインチキがレーガン政権当時から行われてきたのです。ますます従属関係は深まる中で、日本国民は日米関係がまるで対等、平等のように思わせられてきたわけです。

◈石橋湛山が生きていたら日本は変わっていた

森田　だから結局、戦後吉田内閣ができて、若き日の私にとっては吉田内閣は敵だったわけだけど、それでも唯一吉田がよかったのは、昭和21年の大選挙区の選挙で私の郷里の静岡で落選してバッジがなかった石橋湛山《たんざん》を大蔵大臣にしたことです。

斎藤　それは議席がないのにですか。

森田　そう。民間人閣僚ということ。ところがこの石橋湛山という人はたいした人物でした。戦後、たくさんの人たちが外地から復員してきました。800万人と言われました。この人たちを、もうなんでもいいからとにかく雇えと、雇用政策を推進させたのです。あの頃は国鉄も鉄道省ですから、その鉄道省、それから電気通信省、今のNTT。それから郵政省、当時は逓信省、そういうところでどんどん雇わせたわけですよ。国家公務員でも定員なんか気にしなくていいからどんどん雇えと。それから地方公務員としてもたくさん雇えと、地方自治体に頼んで回ったものです。どんどん雇って、給料を払わせた。そうすると大蔵省が持っていた財政がそれにどんどん使われるものだから、占領軍が権力を握っているのは我々だと怒って、石橋と喧嘩するんですが、石橋は命がけで戦うのです。このことは、じつは歴史から消されているから残っていないのですが、偉大なことだったのです。戦後復興の最大の功労者は石橋湛山なのです。

ついでに言えば、民間の功労者は、湯川秀樹と古橋廣之進。湯川秀樹はノーベル賞受賞者。古橋廣之進は「フジヤマノトビウオ」の異名をとった水泳選手です。古橋は泳ぐたびに世界新を連発して、それもアメリカに行って、ロサンゼルスで泳いで、そこでも世界新ですからね。ラジオでも中継されて、日本中を興奮させました。学者とスポーツ選手の力というのは、みんな期待するからね。だから、今回のオリンピックも本来なら、中止にせよという議論があります。私も40年若かったらその議論に乗るんだけれど、今は、若い選手たちが夢を抱いてがんばっているから、その議論には乗れないですね。

だから話を戻すと、戦後復興の最大の立役者は、政界では石橋湛山、民間では湯川秀樹と古橋廣之進。

石橋はその後総理大臣になり、しかし、2か月で病気になって内閣は潰れてしまう。偉大な人物だったのに、本当に惜しかったとみんな言っているのですが、大蔵大臣のときに行ったその財政政策が本当に偉大だった。それでどれだけの人が職にありつけるようになったかわからない。しかし、占領軍からは危険人物のレッテルを貼られたのですね。戦争協力をしたと公職追放されたのは、占領軍のでっちあげです。鳩山一郎などと一緒に追放されました。本当は、彼は戦争には協力していないのです。よく生きていたと思われるぐらい、戦時中、東洋経済の社長で主筆として戦っていたのです。本当にたいしたものだった。

そして1952年4月28日のサンフランシスコ講話条約の発効と同時に追放解除で復帰するわけです。そして第1次鳩山内閣のときに通産大臣をやって、その頃から鳩山首相の次の首相は岸か石橋か、石橋か岸かという感じでした。だから吉田茂が首相候補の後任を無くしちまえと言って、石橋と岸の首を切って除名したのです。あれは彼ら二人が首相候補だったからです。ですから岸に匹敵するということはすごいことだったのです。なぜかと言うと、岸は満州で作ったものすごい人脈を持ったまま引き上げてきて、金もたくさんある。それで占領軍に身を売って、自分だけ助かって巣鴨プリズンから出てきた。占領軍の庇護のもとに。追放解除のときには、数十人の子分を引き連れて国会議員になって、吉田に対抗する民主党が統一民主党を作ったときに合流する。そして最大勢力ですから、幹事長をとるわけです。そして岸は次を狙う。しかしそれは許すまじと、石橋湛山が戦って、石橋湛山が7票差で勝って、石橋内閣が誕生するのですが、病気で倒れて、岸が総理大臣になって安保改定に向かうわけですよね。

斎藤　そのときに石橋さんがもう少し長生きしてくれていたら、全然違う国になっていたかもしれませんね。

森田　ほんとです。石橋さんの側近の一人は、CIAに毒をもられたのではないかと言っていましたね。事実はわかりませんが。石橋湛山が米国政府にとって危険人物だったことは事実です。

斎藤　毒をもられたというのは、森田さんが直接聞かれたんですか。

森田　ある人から直接聞きました。公式的に言われているのは、石橋内閣ができたとき、早稲田大学出身者で初めての総理大臣というので大隈講堂の前で祝賀演説会を開いた。早稲田大学の雄弁会が主催で、当時ちょうど渡部恒三が雄弁会の幹事長をやっていた。1月17日か18日の風の強い寒い日だったのだけれど、そこで石橋がコートを脱いで演説して、ものすごい冷たい風が吹いてきて、それで風邪をひいて肺炎になってしまって、石田博英が側近に引退しますと宣言して石橋内閣は終わってしまうんですよ。石田博英だって石橋湛山がもう少し長くやってれば、田中角栄や中曽根康弘よりも有望だったたんだけどね。石橋内閣の官房長官でしたけど、惜しかったですね。

斎藤　そうですね。今でも湛山が生きていれば、みたいな話がよく出ます。「小日本主義」。国土が狭く、資源に乏しく、いい悪いを別にすればかつての植民地も失った、しかもこれからは少子高齢化が進んでいく、現在の日本にはこれ以外の選択肢はあり得ないと私は思います。

森田　そうですよ。斎藤さんが後継者だよね。

斎藤　とんでもない。

森田　戦後直後のね、みんなを食わせないといけないときに湛山が体を張って占領軍と闘って日本国民を守ったという歴史をきちんと残さなければいけませんね。

第7章

「自分さえよければ」思想との決別

◇「自分さえよければ」思想と決別せよ

森田　東京の歴史を振り返ると、復興期における状況は、他の地方とあまり変わらなかったと思います。つまり悪い人間は悪いことをする、真面目な人間は真面目に生きていた。昭和20年代です。それからの経過をみると、第一の悪はやはり権力化です。強権化。東京都も強権的になり、国全体も強権的になった。つまり東京都民の相対的地位が低くされたのです。言葉を替えれば、国民、都民は奴隷化されていったのですね。

斎藤　前にお話しした、私が小学生時代の一時期、半年間だけ寄宿していた健康学園ですが、その頃はまだ子どもが大事にされているという実感がありました。とはいっても、そういう仕組みは東京都だけのもので、ほかの地方にはなかったので、全国的に見れば非常に差別的ではあったわけですが。ただ私がそこにいた戦後の一時期は、とにかく子どもを大切にしてやろうという社会全体の空気がまだあったのだなあと、後になって振り返ると思うのです。だから私も世の中を信じることができていた。いろいろ問題があったし、もちろん差別の存在もあったたし、問題だらけで、その中で自分はたまたま恵まれた立場にあったのだけれど、でもいつかはもっと全体がよくなるのではないかと思えた。

よく昭和30年代が高度成長期だったから、みんなが明日を信じていた、みたいに言いますが、それとは別の意味で私は世の中を信じることができるという感覚があったのですが、今はなんだか弱いものと見ればいじめるのがあたり前みたいな世の中になってしまった。いえ、されてしまった。

森田　1970年代の石油危機の後、レーガン政権ができるその2年前にサッチャー政権ができて、アングロサクソンのこの米英が、自由市場主義、競争市場原理でもって突っ走った。その後40年間もそれでやっていくという中で、儲けの論理に世の中のすべてが引っ張られてしまったことが今に至るすべての元凶だと思います。

政治もそうです。4000年前の古代中国・夏の国王の禹《う》の言葉に「政は民を養うに在り」とあります。『書経』の中に記されています。それから孔子は「政は正なり」と言いました。私はこういう政治に関する伝統的な考え方が、この自由主義革命でもって吹き飛ばされたのだと思うのです。それで今だけ良ければいい、自分さえよければいい、金さえ儲けられればいいという「今だけ金だけ自分だけ」主義になっていってしまった。「自分さえよければ」思想という言葉は、ジョージ・ソロスが『世界秩序の崩壊』（ランダムハウス講談社、

2006)の副題に使って広がったのですが、この思想があらゆる領域で支配的になって、それが国家主義と結びついて、世界中がひどい社会になっていったのだと思います。そういう堕落というのが、基本的に東京の堕落の典型的な姿なのだと思うのです。国家主義の下での自分さえよければいいという思想がはびこった。

斎藤　そうですね。両方の悪いところだけをとったということなんですね。

森田　それで役人たちまで思想的に堕落してしまったというのが現状でしょう。だから私は、今度のトランプの問題についても、同じことが繰り返される気がするのです。彼は、白人労働者の雇用が失われたという不満をてこにして権力をとった。しかし、新しい閣僚名簿を見ると、ウォール街の大物やただただ金儲けしかやってこなかった連中がたくさん閣僚に名を連ねています。トランプ自身と同じような連中が。

斎藤　ゴールドマン・サックスだの、ロスチャイルド銀行だのの。どこが反グローバリズムなんだか。

森田　それからもうひとつは、今までパージされていたような、はぐれ鳥の跳ね上がり軍人。

斎藤　「狂犬」と呼ばれた軍人とか。

森田　そういう連中を結集して、それで真の政治家がいなくなった。ですから私は、典型的に、その自由主義革命そのものが政治家を最後的に追っ払ったのだと思うのです。トランプがそれを完成させた。だからトランプが掲げた反グローバリズムという旗は、権力をとるためにやったまでで、ひとたび権力をとってしまったら、白人労働者たちをまた裏切って、次の段階に進むと思うのです。ですから非常に悪い、危険な状況に進んでいると思います。

斎藤　国内企業や外国企業を脅かして、アメリカに投資しないと容赦しないぞという脅迫だけです。これが世界の覇権国家なら、歴史は何のためにあったのか。

森田　だから脅迫が公然と行われる世界が出来上がったのですよ。今までは脅迫は裏でやるものだった。今度は世界中で脅迫が表面化する。

斎藤　よりあからさまになったわけですね。

森田　私は日本も同じ危険性の中にあるのではないかと思いますよ。品のないことが平然と行われている。

斎藤　もはや差別と脅迫こそがグローバル・スタンダードということになりかねない。トランプにとっての〝ジャップ〟が、より低いと見なした人々を排除していく光景が目に見えるようです。安倍政権にとっては我が世の春といったところでしょう。

◆シェアリング・エコノミーは本当に「成長の切り札」か

斎藤　雇用の問題ですが、今「シェアリング・エコノミー」がひとつの新しい成長の切り札みたいに言われています。ひとつは白タクの解禁で、ライドシェアというのですが、そのための特区がいくつか作られています。そして、もうひとつ、民泊が解禁になろうとしています。

しかし、ライドシェアのほうはとくに安全性が批判されています。責任感があるのかないのかわからないドライバーが公共交通を担うことになりますし、実際、先行している国々では強盗やレイプも横行している。日本だと昭和30年代の雲助タクシーに逆戻りというイメージでしょうか。

民泊のほうも周辺の街が破壊されるのではないかと危惧されています。いずれの心配ももっともなのですが、それだけではなくて、私は雇用のあり方そのものが完全に狂ってしまうのではないかと危惧しているのです。とくに、ライドシェアの場合は、白タクにしてしまうと、今のタクシー会社はみんな滅びてしまう。かつ、ちょうどアメリカのUBER《ウーバー》みたいに、スマートフォンでもって配車を差配する会社があって。そこに運転免許を持った、でも別に二種免許を持っているわけでもない、要するに単に運転ができるというだけの素人が群がる。その人たちはもちろん頑張り次第で儲かる可能性がなくはないけれど、ものすごく値段を抑えられているわけです。しかも、「新経済連盟」の代表理事を務める楽天の三木谷浩史社長がアメリカをモデルに、今主張しているやり方というのは、例えば事故が起こった場合の責任を、UBERにあたる会社はとる必要がないという。一人一人の運転手が個人で責任をとれということを言っています。今後、最終的にどうなるかわかりませんが、つまりこれは向こうでいうフリーエージェントになるわけですよね。ひとりひとりが全員「自営業者」という位置づけです。しかし、だからといって、それぞれが自分の裁量で仕事ができるわけではなく、あくまでも労働者としてしか働けない。だから今のコンビニのオーナーなどもそうでしょうけれども。結局、それが更に小さくなっていったような働き方になる。

例えば私が週刊誌の記者をやっていたときは、正社員ではなくて契約記者ですから、それと似たような感じと言えば言えるのですが、ただマスコミの業界でこの形態が昔からずっとあるのは、結局、いつか認めてもらえれば自分も署名ライターになれるかもしれないとか、本を出せるかもしれないという夢があって、その代わりに安定性を犠牲にして〝修業〟していたわけですが。そういう夢さえも持てず、ただ安く使われるだけの仕組みになってきていると思うのです。これが他の分野にも広がっていった場合、そんなものを雇用が確保されたという言い方をしてもいいのだろうか。実際、アメリカではすでにそうなっているそうですが。シェアリング・エコノミーについて何かご意見はおありですか。

森田　私は、戦後の労使関係は、終身雇用制、年功序列賃金、それから企業別労働組合という、この三つが日本型労使関係の特徴だと思っています。この三つがよくない、邪魔であると、サッチャー・レーガン革命がこれをぶち壊してしまったわけです。そのことによって何が起きたかというと、同じ企業内における、技術の継承、教育の継続がなくなってしまった。それまでは、従業員たちは長く企業にいる人間だという前提で、企業の中での人間関係が成立して、先輩が後輩を指導し、教育が行われ、熟練した技術が先輩から後輩へ引き継がれていた。それから年功序列賃金というのは、年々賃金が上がっていくという制度ですから、家庭が安定するのですね。それから企業別労働組合というのは、組合が雇用に責任を持っているということですよね。この三つをぶち壊したために、物事の考え方が刹那的になったうえ、首切りを自由にして、すべての労働者をフリーター化してしまった。今はよほど本人がしっかりしていなければ、技術を習得し、その仕事を通じて自分を高めていき、さらにそこで人間関係を作っていくというようなことはできにくい社会になっています。よほど優秀な人でなければそういうことができない社会になった。平均的な人たちはそこまで至らずに社会の下のほうへ落ちていっているわけです。その落ちていっている状況において仕事をシェアしようというようなかたちが出ているのではないですか。

シェアリング・エコノミーはオランダが先進国と言われていますが、私はオランダと日本はちょっと違うのではないかと思っています。やはり家庭を安定させるには、賃金がたとえ少しずつでも上がっていき、それからその人は技術を習得でき、いろいろな人との人間関係を構築することができるという状況が必要だと思います。

結局、雇用の安定なのですよ。労働組合の意義は、要するに雇用が守れるかどうかなのです。雇用を守ったうえで賃金を上げていくのが、やはり組合の役割なのです。それなのに、日本の労使関係が前近代的労使関係だとのレッテルを貼られ、なにもかも全部潰されてしまった。こういうところに日本資本主義がガタガタになった原因がある。その根本を直さない状況の下におけるさまざまなあの手この手の策は、やはり単に労働者を幻惑するだけの要素以上のものではないと思うのです。

斎藤　最近、連合がやけに自民党にすり寄っていると伝えられていますね。

森田　民進党が役に立たないからですよ。

斎藤　だから自民党にいってしまう。

森田　民進党が連合のほうに寄っていかないんですよ。そして、連合にしても、今賃上げができなければ、連合崩壊ですよ。

斎藤　そもそも労働者が組合に入ってくれません。

森田　賃金が上がらないと入りませんよ。民進党は賃上げをやってくれないのです。それで自分たちの労働組合は大企業の労務部みたいなことになってしまっているでしょう。だから対等な労使関係の労使交渉になっていないのです。だから今は政府が、労働者の賃金を上げてくれと経営者の会議で言っています。そうしないと、アベノミクスが潰れてしまうからです。私は、今年2017年の春闘で連合が賃金を上げられなければ、連合はピンチではないかと思っています。アベノミクスも当然ピンチです。ですから、外から見ているだけですが、非常手段で経営者に賃上げの圧力をかけています。労自民共闘というかたちは、今年に限ってはやむを得ないのではないかというふうに考えています。

斎藤　それはすでに自由主義社会ではありません。

森田　国家資本主義です。

斎藤　本来は労使の間でそういうふうな方向にもっていくべきところが、労働組合がまるで機能していない。

森田　正常な労使交渉はもうできなくなっているぐらい、力関係の差ができてしまっているのですね。私が労働運動にタッチしていた頃に比べたら、雲泥の差ですよ。

斎藤　あまりに悲しい話です。それでその賃上げも、結果的に上がる人たちはいるにしても、でもそれは大企業の正社員だけです。その賃上げの財源はどこから出ているかといえば、自分のところの非正規労働者に本来払うべきものであったり、下請けの会社に払うべきものから出ているわけですから。

森田　それでもう一つ言わなければいけないことは、最低賃金をもっと上げないことには、このままでは日本がオールフリーター化してしまいます。最低賃金がなかなか上がらないのです。民進党にはそのセンスがないから、労使交渉は政府との交渉をするしかないのですよ。ですから、私は労働省を解体したことが大失敗だったと思うのです。橋本龍太郎内閣の行政改革で潰されたのですが、私は元々この改革には反対で批判していたのです。少なくとも労働省だけは残したいと思ったのだけど、かないませんでした。労働省を残せなかったために悲惨なことが起こってしまったのです。つまり労働省があれば、国会に労働委員会があるのですよ。国会に労働委員会があれば、自民党の政調会の中に労働部会があるのです。それで労働大臣の仕事は、労働組合の幹部と付き合うことです。それで労働組合の幹部も労働大臣を通じて経営者に圧力をかけることができるのです。だから労働大臣がいなくなり、自民党の労働部会がなくなり、国会の労働委員会がなくなったというのは、労働者にとっては大きな損失だったのです。労働部会は、じつは労働組合の一番の強い味方だったのです。これがなくなってしまうと、もうお手上げなのです。それで昔は社会党にかなり優秀な専門家が党内にいたけれど、1990年以後はもう全然だめですからね。それは社会党がというよりも労働部会がなくなったから、労働者についての専門家が育ってこないのです。もう20年もそういう状況になっていれば、民進党のほうにも労働者の専門家がいない。それから政府のほうにもいない。だから労働者をバックアップする政治家がいないのです。今、日本の労働運動はもう死にかけています。

斎藤　財界のほうも日経連がなくなりました。経団連に吸収されて、企業でいえば、経営企画部門の発想でもって労働を考えるみたいになっているのですね。

森田　だから今、私は労働省を復活できないかなと思ってね。何人かに話していますよ。何度も言いますが、労働省が復活するというのは、国会に労働委員会ができるということですから。昔は国会内に労働委員会があったのです。衆議院にも参議院にも。そしてどこの政党にもそれに呼応する、政調会の労働部会があったのです。しかもいいことに労働大臣がいて、それで労働大臣の内閣官房は、全部労働組合の幹部と付き合っていたのですよ。

斎藤 たしかに、今は厚生労働委員会だから、基本的に厚生省マターの話ばっかりです。

森田 厚生省の主導権ですよ。予算だって大きいしね。だから労働省をなくしたことが、結局、日本の資本主義を潰すような話だった。一皮むくと、労働大臣と、自民党の労働部会は、社会党以上の存在だったのです。ですから権力の中に味方がいるかどうかというのは大きいのです。この間連合の会長の神津里季生《りきお》に会ったときにもこの話をしたのです。

資本主義社会でね、こんなに労働者を軽視している社会なんかありませんよ。アメリカだって軽視しているじゃないかというけれど、アメリカの場合には工場ごとに先任権制度というのがあって、人員に空きが出れば、労働組合の名簿にしたがって、自動的に就職できるような制度があるのですよ。私は1980年代初め頃、アメリカ各地を回ったときに見たのですが、工場に労働組合が推薦する名簿が貼ってあって、空きが出たら自動的に就職できるようになっていました。

斎藤 よく組合の人には、日経連がなくなったことがいかに痛手だったかという話を聞かされていたのですが、自民党のほうもそうなのですね。なるほど政界と経済界は一体なんだ。

森田　彼らはいわば敵対するように見せながら、じつは彼ら自身が労働組合というものの存在を利用して生きていたわけですよ。だから労働組合というのは彼らが生きるうえにおいて、育てていかなければいけないものだったのです。だから日経連は敵だ、敵だといって労働組合側は闘っていたのだけれど、それは表向きの話で、半分は味方だったのです。

斎藤　今、雇用の多様化、多様な働き方などと、そんな言い方をしますが、たしかにいろいろな働き方ができるようにはなってきたのだけれど、それは多様化ではなくて、実際にはろくに選択肢がないのですよね。正社員にもなれる、派遣にもなれる、フリーターにもなれる、それでどれを選んでもいいよということならたしかに多様化なのでしょうが、今は正社員なんて夢のまた夢で。言ってみれば、定食屋のメニューが二つしかなかったのが100個に増えたけど、うち99個は高くて手が出ないというような。そんな感じの雇用情勢になってしまいましたね。

森田　今日、NHKのニュースの後、中井貴一の「サラメシ」という番組を見ていたら、サラリーマンに5・7・5で川柳を詠んでもらうコーナーで、「昼ご飯せめて食べたい千円台」なんていうのをやっていました（笑）。普段はみんなワンコインでこれからも昼は食べていくんだとか。

斎藤　今は居酒屋もとにかくダンピングに次ぐダンピングですからね。「せんべろ」なんて呼ばれる飲み屋の俗称があるんですよ。どういう意味かというと、千円でベロベロ（笑）。もうそのぐらい、酒飲むことも贅沢みたいになってしまって。

森田　いや本当にね、もう少し労働者を大事にしないといけませんよ。つまり人間を人間並みに扱わない社会になってしまったんですね。

斎藤　19世紀の資本主義みたいな感じです。アメリカでもその頃は「賃奴隷」なんて言っていたそうですね。だけどその後、以前日本的経営と批判されていたような慣習も、アメリカだっていい時期はそんな感じだったといいますね。親子3代にわたってGM勤めとか。「カンパニーマン」なんて言い方もありました。日本と同じです。私自身は、そういう日本でいう会社人間というのは嫌いだったので、自分はフリーランスになったのですが、でもそれはどちらも選べてこそ意味があると思うのです。最初からフリーランスにしかなれないというのとは、まるっきり違います。

◇生活に直結する都政を実現せよ

森田　ヨーロッパでは、19世紀の初めから、自由競争で階級社会化が進行したのです。カール・マルクスは、人類はプロレタリアートとブルジョワジーの2大階級に分裂すると『共産党宣言』で書いたわけだけれども。実際に人間は、食わなければ生きていけないものだから、結局、主にサービス分野で、家庭と実業とを一致させた小規模自営業ができて、商店街ができていって、そこで家族みんなが食べていける道を作ったのです。これがじつはカール・マルクスのプロタリア革命の理論を潰してしまった原因なのです。つまり彼らが中間階級になっていったのです。そして、それが社会民主主義の基礎になるわけです。ところがレーガン革命以後の社会というのは、サービスを独占企業化したのです。個人が行っているサービス業を潰していったのです。

斎藤　生業を潰されたわけですね。

森田　大規模ショッピングモールが作られて、それらが街の時計屋さんとか、小売り商店をみんな潰していったわけです。だから若い人たちはインターネットの小さな企業で生き残るしかないので、そっちのほうへ行くか、あるいは、ロボットやＡＩのほうへ行くわけですが、年寄りたちはそんな世界には対応できないので、結局、年金で生きていくしかない。だからそこを、今どう埋めていくか。19世紀の末にできたことを、いかに資本主義がやっていけるのか。今のサービス分野の大型化に対して、家庭と企業とが一緒になってやっていく場の回復ができるかどうかが今も課題なのですよ。

やはり人間は食べていかなければダメですから。そして、やはり人間が生きるというのは、単に飯を食べるだけではなくて、そこに生きがいというものを見出せないといけません。それから社会とのつながりを作らなければいけません。それからマルクスは労働力の再生産と言ったけれども、働くことによってやはり自分と家庭の生活を支えることができなければいけません。働くというのはこの三つの条件を満たすことです。だけど今は生きがいを与えられていないのです。それからフリーターになると社会とのつながりがなくなったと言われているのです。今の稼ぎでは家庭生活ができないのですよ。だから人間並みの扱いではなくなっているわけです。ですから、いかにして人々に対して、生きがいと社会とのつながりを回復させ、そして自分と家庭が食べていけるものを得させるかを考えなければいけないのです。

斎藤　そうですよね。ただ食うだけならその白タクのようなシェアリング・エコノミーで用意されるのでしょうけれど。それだけだともちろん不十分だし。共稼ぎでなければとても生活できない。家庭が成り立たない。しかもそれもまた、すべて企業に支配されるというかたちを目指してしまっています。

森田　小池都知事も、東京大改革というのなら、東京の住人が、生きがいを持ち、社外とのつながりを持ち、自分と家庭を養えるだけの所得が得られる、そういう東京を作ります、と言うべきなのですよ。それからアベノミクスもね、成長率何パーセントだとか、物価上昇率が何パーセントだとか、そんな無意味なことばかり言っていないで、労働者の賃金を2倍にしますとか、1・5倍にしますとか、失業率を2パーセント以下にしますとか、そういう目標を掲げるべきなのです。高度成長期の池田勇人首相もそのときの側近の大平正芳官房長官も、所得倍増とは言ったけれども、何パーセントの成長率だとか、あまり言いませんでした。ただ所得倍増、所得倍増と言い続けたのです。ところが今度のアベノミクスは、物価上昇率何パーセントだとか、成長率何パーセントだとか、学者が言うようなことを安倍首相まで言っている。一般の国民にとって意味のないことを言っている。

斎藤　生活と関係ないですね。

森田　関係ない。もっと国民の生活に直結することを語るべきなのです。だいたい、物価上昇というのは国民にとっては嫌なことに決まっていますからね。それをいいことのようにしゃべっている。だから安倍政権の人たちは、本当の政治家じゃないですよ。

斎藤　そもそも語ろうにも、そんな生活をよくしてやろうなんていう気がまったくないのでしょう。小泉政権の頃から、「ビジョンを示せ」という批判の仕方がありましたが、そんなもの示せるはずない。彼らにかかったら、下々の国民など奴隷以外の何者でもないのですから。まあ、仮にそう言い放たれたとしても、日本国民は唯々諾々と従うような気がしますが。

森田　そうです、そういう気が根本的にないんです。だから人々の苦しさがわからない。なぜ君たちは物価上昇率何パーセントなどと馬鹿なことを言っているのだ、はっきり失業をなくします、誰もが食えるようにしますと言わないのか。そこが大事なんだと、それが政治じゃないかと、いくら言ってもわからない。

斎藤　そんなことを夢にも思っていない小池さんや安倍さんは、そもそも論外。

森田　そのぐらいのことはきちんと言いなさいということですよね。

斎藤　それが人間社会のお約束というものです。

森田　そうですよ。

◈あとがき　森田 実

いまの世界は、平和の危機と道徳の危機に直面している。すべての国民が自立心と批判精神をもって生きるべき時代が来たのである。

米大統領トランプの登場によって既存の秩序の崩壊が急速に進行し始めている。トランプ旋風は既存の秩序のすべてを、改革すべきものだけでなく、維持すべきものも崩壊させようとしている。トランプ米大統領は、合意形成による政治の推進ではなく、力づくで相手を強引に抑え込むという強制的な手段をとっている。このような強圧的手段を、現在の世界の最強国の米国の大統領が実行すれば、混乱は世界中に広がる。２０１７年の世界は容易ならざる局面に突き当たっている。

世界各国政府はトランプ旋風への対応に苦しんでいる。ある国々は待ちの姿勢で、トランプ旋風の行方を慎重に検討しているが、トランプ旋風に過剰反応している国の政府もある。安倍首相はトランプ政権との協調関係を一日も早く実現しようと焦っているように見えるが、日本はそれで本当にいいのだろうか？　しっかりと考えるべき時だ。安倍首相は賢明な対応をしているとは思えない。いま日本の政府に必要なのは慎重さである。トランプ的な感情的なやり方にまどわされぬ自立心と批判精神を、我々は持たねばならぬ。

トランプの登場によって世界の平和は危機に立たされている。アジアも危機だ。トランプは米中国交樹立の際の「一つの中国」合意の見直しを示唆し、台湾問題をめぐって中国政府に圧力をかけている。

このトランプの挑発に対して中国政府は受けて立つ構えである。中国政府は、もしも米国政府が米中国交正常化の時の「一つの中国」合意を踏みにじるならば、「米中断交」に踏み切る決意を固めている。トランプが台湾独立に踏み込んだ時、米中間の国際緊張は激しくなり、軍事衝突すら心配される事態が起こるおそれがある。極東地域で戦争が発生する危険性は増しているのである。

核ミサイルが飛び交う世界戦争が起これば、人類の破滅の危機が高まる。いまこそ世界の諸国民は平和のために起《た》ち上がらなければならない時である。

もう一つの世界の危機は道徳の危機である。健全なる常識、人類が長い間育ててきた道義と法の精神は、過激な極右思想によって踏みにじられようとしている。

指導層の堕落が世界の政治の混乱を促進している。大国の政界、官界、経済界の指導層の間で腐敗と堕落が浸透している。すべての主要国において政治腐敗の克服は第一の政治課題になってきている。

日本における指導層の腐敗、堕落は深刻である。最近の文部科学省官僚指導部の天下り問題は、腐敗堕落が官界中枢部にまで浸み込んでしまっていることを物語る。大企業もまた腐敗堕落の極にある。日本を代表する民間企業の電通の非人間的経営、東芝、三菱自動車その他大企業経営者のモラル喪失は深刻である。

巨大組織の腐敗堕落の中で、最も深刻な腐敗堕落は東京都である。東京都は日本の都道府県の中で唯一、財政黒字の地方自治体である。東京都は一極集中の利益を一身に受けることによって、我が世の春を謳歌している。

東京都の腐敗堕落の中でとくに深刻なのが官僚中枢部の無責任体質である。問題になっている豊洲市場の盛り土問題については事実経過すら明確にすることができない。都政の重要事項についての姿勢すら存在しないのに、それに関与したはずの東京都の大幹部たちは当時の知事も含めて「知らぬ存ぜず」である。これほどの無責任は異例のことだ。

東京都の深刻な腐敗を放置すれば、東京都は腐るであろう。これによって日本全体が腐ることになる。日本国民全体が東京都の腐敗に目を向けるべき時である。

小池劇場がマスコミの注目を集めているが、小池流の「巧言令色」で腐敗は解決できないと思う。小池都知事は個人的政治的野心が過剰である。小池流では倫理問題は解決しない。国民、都民は小池劇場に騙されてはならない。

東京都を建て直すためには、東京都の腐敗を根本的に断つ方策を講ずる必要がある。それは、東京都の大胆な分割である。有力特別区を「市」として自立させるべきである。東京都を特別区地域と三多摩地域に分割するのもよい。「特別区」と「市」の自立が東京問題を解決する第一歩である。

古い友人である斎藤貴男氏との対論は大変に楽しいものだった。斎藤貴男氏はいまや日本のノンフィクション界の第一人者である。自らの信念と思想を貫き、たとえ孤立することがあろうと自らの言論を貫徹する斎藤貴男氏のジャーナリストとしての生き方に私は深い尊敬を感じている。孤独は偉大な人間の証明である。

また、もう一人の友人の編集者、小笠原豊樹氏は大変すぐれた誠実な編集者である。かつて大変世話になった。私の恩人である。

斎藤、小笠原という二人の若き天才と一緒に仕事ができたことについては、天に感謝したい気持ちである。

東京都の腐敗を正すことは、日本再建の最も重要な課題であること、そして、腐敗根絶の原動力は都民・国民の旺盛な批判精神にあることを重ねて強調しておきたい。（文中、一部敬称略）

平成29年（２０１７）１月30日

2016年9月	都政改革本部を発足（総括特別顧問・上山信一慶応大学教授）（1日） 　小池都知事が本部長を務める都政改革本部が開催費用の総額は３兆円を超えるかもしれないという試算を発表（29日）
2016年10月	小池都知事がボート・カヌー競技会場の件でIOCのトーマス・バッハ会長と都庁で会談（18日）
2016年11月	東京都、IOC、東京2020組織委員会、政府の代表による4者協議（29日）。ボート・カヌーは海の森水上競技場、水泳競技は江東区にアクアティクスセンターを新設。いずれも当初の予定の会場に決まったが、当初案より規模を見直しコストは削減 　また、組織委員会事務局長の武藤敏郎が開催費用の総額は２兆円を切れるとの見通しを発言
2016年12月	小池都知事が定例記者会見で、バレーボール会場を当初予定の有明アリーナの新設を表明。既存の横浜アリーナの使用は断念（16日）

	（19日）
2015年5月	舛添都知事がメイン会場の新国立競技場の整備費について、国が都への相談もなく都負担分を約580億円と試算したとして激しく批判（26日）。加えて複数の政党がザハ・ハディドの設計による新国立競技場建設費は高額すぎるとして批判
2015年7月	都が佐野研二郎氏デザインの東京オリピック・パラリンピックのエンブレムを発表（7日） 安倍首相が東京五輪組織委員会の森会長らと会談を行い、ザハ・ハディドの設計による建設計画の白紙撤回を表明（17日）
2015年8月	佐野氏がデザインしたエンブレムがベルギーのリエージュ劇場のロゴに酷似していると、作者らがエンブレム使用差し止めを求め提訴（14日）
2015年9月	佐野氏がデザインしたエンブレム、白紙撤回（1日）
2015年10月	エンンブレム再公募の応募要項発表（16日）
2015年12月	国と東京都などの間の費用負担の調整で、国が総工費と関連経費の約半分にあたる約800億円を、都と日本スポーツ振興センターがそれぞれ約400億円を負担する見通しが判明（1日） また白紙撤回されたザハ・ハディドのデザインの代わりに建築家・隈研吾氏のデザインが採用されることが決定（22日）
2016年3月	採用が決まった新国立競技場の新デザイン案では聖火台の設置場所が確保できないことが判明 東京五輪組織委の森喜朗会長、五輪担当相遠藤利明、東京都知事の舛添要一とのあいだで改めて会談が行われた結果、東京都の負担は再び増加する見通しとなった
2016年4月	新エンブレム、野老朝雄氏の「組市松紋」に決定（25日）
2016年7月	小池百合子新知事当選（31日）

	ンテーションには麻生財務大臣や東京都の猪瀬知事、フリーアナウンサーの滝川クリステルらが登壇
2013年9月	日本時間8日。ブエノスアイレスで開かれた第125次IOC総会で最終選考国による招致演説およびIOC委員による投票が行われた。日本国の招致演説では安倍晋三内閣総理大臣によるプレゼンテーションが行われた。その際「フクシマは統御されている（アンダーコントロール）」発言。投票では一次投票でマドリード、決選投票でイスタンブールが落選し、2020年オリンピック・パラリンピックの東京開催が決定
2013年12月	猪瀬都知事が辞職（24日）
2014年1月	2020年東京オリンピック・パラリンピック競技大会組織委員会が発足（24日）。会長に森喜朗元首相、事務総長に元財務事務次官の武藤敏郎が就任
2014年2月	舛添要一が都知事に当選（9日）
2014年6月	舛添都知事が、建設費の高騰などを理由に、バスケット、バドミントン、カヌーの3競技会場の計画見直しを表明（17日）
2014年7月	水球会場のウォーターポロアリーナが見直しの対象となり、東京辰巳国際水泳場が代替施設となる可能性があることが判明（8日） セーリング会場の若洲オリンピックマリーナが見直しの対象となり稲毛海浜公園内の稲毛ヨットハーバーが代替施設となる可能性があることが判明（22日） 会場の上空が、近くにある羽田空港の航空管制の空域に入り、ヘリコプターによる競技の撮影に支障が出るおそれが判明したため、トライアスロンをお台場海浜公園から横浜市で実施する可能性が判明（30日）
2014年11月	舛添知事が、都議会特別委員会にてバドミントン・バスケットボール会場の夢の島ユースプラザ・アリーナ、セーリング会場の若洲オリンピックマリーナの建設中止を表明

2013年1月	詳細な開催計画をまとめた「立候補ファイル」を IOC に提出する期限日を迎え、東京は招致委員会の水野専務理事、サッカー女子日本代表の澤穂希らがスイスのローザンヌにあるIOC本部を訪ね、ファイルを提出した（7日）。また、共に立候補しているイスタンブールとマドリードも同日、ファイルを提出 　8日、東京招致委員会が東京都庁で記者会見を開き、前日 IOC に提出した立候補ファイルの内容を公表した。また、JOCの竹田会長が首相官邸を訪ね、前年12月26日に内閣総理大臣に就任した安倍晋三と会談し、安倍は招致委員会の最高顧問への就任打診を承諾し、「安倍内閣として全力を挙げる」と述べる 　10日、猪瀬都知事、日本オリンピック委員会の竹田会長、招致委員会の水野専務理事、福井照文部科学副大臣、サッカー女子の澤、パラリンピック競泳男子の鈴木孝幸がロンドンで記者会見を開き、海外メディア向けに開催計画の説明や東京の都市力をアピールする
2013年4月	猪瀬都知事がニューヨーク・タイムズによるインタビューの中で、同じく立候補しているイスタンブールを指し、「イスラムの国は互いにけんかばかりしている」などの発言をしたことが国内外で大々的に報じられ、問題視される（27日）
2013年6月	立候補都市を現地視察した評価委員会が、視察の結果を基に各都市の長所と短所を併記した評価報告書を公表した（25日）。東京は財政や治安などで高い評価を受けたほか、１次選考の際に指摘を受けた電力供給や世論の支持の低さ、津波や地震への安全対策についても解決または適切な対策が取られているとして、開催能力については大きな指摘はなかった
2013年7月	スイスのローザンヌにおいて立候補都市によるIOC委員への開催計画説明会が行われた（3〜4日）。東京のプレゼ

	が反発（6日） 　また同日、衆議院本会議において、第32回オリンピック競技大会及び第16回パラリンピック競技大会東京招致に関する決議が賛成多数で可決。翌7日には参議院においても同決議が賛成多数で可決 　8日、国際オリンピック委員会の理事会においてプレゼンテーションや立候補都市への現地視察を行う順番を投票で決め、イスタンブール、東京、ローマ、バクー、ドーハ、マドリードの順になった
2012年2月	IOCへ大会の概要計画を記した申請ファイルを提出（13日）
2012年4月	モスクワで開かれた各国オリンピック委員会連合（ANOC）の総会で各申請都市が初のプレゼンテーション（14日）
2012年5月	カナダのケベックシティで開かれた国際オリンピック委員会の理事会において立候補していた5都市の中から開催能力があると認められたイスタンブール、東京、マドリードの3都市が正式立候補都市に選出された（23日）
2012年7月	ロンドン市内のホテルで開かれた第124次IOC総会で、JOCの竹田会長がIOC委員に就任し、竹田会長は「五輪招致は私の責任で行う」と述べた（26日）
2012年7月27日〜8月12日	ロンドンオリンピック開催期間中、JOCの現地拠点および日本選手の会見場となるジャパンハウスが設置され、東京都が協力する形でハウス内に東京の招致計画を説明するブースも設置された。開設期間中はIOC委員や競技団体関係者も多数訪問した。なお、石原東京都知事は体調不良により現地での招致活動を断念
2012年10月	石原都知事が辞職（31日）
2012年12月	猪瀬直樹副知事が東京都知事に当選（16日）。猪瀬は引き続き招致活動を進めることを表明し、同月21日には東京招致委員会理事会において、前都知事である石原の後任として招致委員会の会長に就任

	100周年記念式典において、石原都知事が立候補を正式表明した。石原はスピーチで、東日本大震災からの復興を世界に示す「復興五輪」であると語り、招致のテーマとなった。東日本大震災の被災３県（岩手・宮城・福島）の知事も東京の立候補に賛同する談話を発表した
2011年8月	JOCの竹田会長が、震災で4500人以上（当時）の犠牲者を出した岩手県の達増拓也知事と会談し、五輪・パラリンピック招致の賛同を得る（4日）。2011年9月前日に立候補を締め切った国際オリンピック委員会が、東京、ローマ、マドリード、イスタンブール、ドーハ、バクーの6都市から立候補を受け付けたと発表（2日）
2011年9月	東京2020オリンピック・パラリンピック招致委員会が設立（15日）。理事長にJOCの竹田会長、事務総長に水野正人副会長が就任
2011年10月	東京都議会が2020年夏季オリンピック・パラリンピックの東京招致を求める決議案を賛成多数で可決（18日）
2011年11月	スイスのローザンヌにあるIOC本部において、立候補した6都市へのインフォメーションセミナーが開催され、初めて6都市が顔を合わせた（3日） 東京都が2012年度の予算要求で招致推進費として20億4900万円を盛り込み、前回2016年招致の56億円の半額以下となる（7日） 招致委員会の理事会と別に、招致活動の後援的組織となる評議会が発足（28日）。会長に石原、最高顧問には内閣総理大臣の野田佳彦が就任。また、評議会事務総長に元外務省外務審議官の小倉和夫が就任し、役職の重複を避けるため、理事会の事務総長水野を専務理事に変更した。評議会のメンバーには岩手、宮城、福島の3県の知事やAKB48のプロデューサー秋元康も選ばれる
2011年12月	政府が、東京電力福島第一原子力発電所の原子炉の冷温停止を宣言。一方事故は収束していないとして、福島県知事

3. 東京オリンピック問題年表

2005年9月	石原慎太郎都知事、2016年オリンピック開催招致を正式表明（20日）
2006年3月	東京都議会で2016年オリンピック開催招致を決議（8日）
2006年8月	国内候補地選定委員会で福岡市を破る（30日）
2008年6月	IOC理事会による1次選考を東京・マドリード・シカゴ・リオデジャネイロの4都市が突破、東京がトップの評価を獲得（4日）
2009年10月	2016年夏季オリンピックの開催地がリオデジャネイロに決定し、東京は2回目の投票で敗れた（2日）
2011年3月	東北地方太平洋沖地震（東日本大震災）が発生（11日） 石原慎太郎東京都知事が「津波は天罰」と発言　（14日）。翌日、謝罪
2011年6月	東京都議会の所信表明で石原都知事が2020年夏季オリンピックの招致を目指す意向を表明（17日） 日本オリンピック委員会（JOC）の竹田恒和会長やオリンピック選手が都庁に石原都知事を訪ね、2020年夏季オリンピックへの立候補を懇願（23日） JOCの竹田会長が、震災で最も多くの犠牲者を出した宮城県の三浦秀一副知事と会談し、五輪・パラリンピック招致の賛同を得る（25日） JOCの竹田会長が、福島第一原子力発電所事故の影響を最も強く受けた福島県の佐藤雄平知事と会談したが、五輪・パラリンピック招致に対する態度を知事は保留した（28日）
2011年7月	東京商工会議所が東京都に立候補を積極的に進めるよう求める文書を提出（14日） 16日、東京都がJOCに立候補の確約書を提出し、JOC理事会が国内立候補都市に選定した。IOCのジャック・ロゲ会長らが臨席の下開かれた日本体育協会とJOCの創立

	最大20%で、期間は最長6ヶ月。現役職員が12人、退職者が6人で、退職者には減給相当分の自主返納を求めていくという。小池知事自身も3ヶ月、給与を20%減額することを明らかにする 　市場問題プロジェクトチーム第3回会議（29日）
2016年12月	市場問題プロジェクトチームによる築地市場青果部関係者へのヒアリング（14日）
2017年1月	第9回目の地下水モニタリング調査で、201カ所の調査地点のうち、72カ所から有害物質がみつかり、このうち環境基準の79倍のベンゼン、3.8倍のヒ素、さらに猛毒のシアンまでが検出されたことが判明（14日）。2015年から始まった地下水モニタリングは過去第1回から第7回は環境基準を上回る数値は検出されなかった。2016年9月の第8回も基準値を超えたのは3カ所だった
2017年7月	都議選

2011年3月	東日本大震災により豊洲が液状化 東京ガスと都の間で豊洲用地に関する売買契約締結 　土壌対策費のうち東京ガス・東京ガス豊洲開発が78億円を負担することに合意 　土壌汚染処理「実験」開始。汚染処理実験でのデータ隠し発覚
2011年4月	石原慎太郎、都知事4選
2011年8月 〜 2014年2月	施設建設などで7件の大規模工事を都が発注。大手ゼネコンを頂点とする7つの共同企業体（JV）が受注。契約金額は計約1650億円（2010年8月～2015年7月までに、都の課長、部長級職員14人が鹿島や大成建設など、上記JVに参加する10社に再就職）
2011年12月	汚染対策工事着工
2013年12月	内田茂都議が監査役を務める東光電気工事が管理施設棟の電気設備工事受注（約37億円）
2014年12月	都が築地市場関係団体と合意
2015年3月	都が当初予定の事業費4316億円が5884億円に膨らむ見込みと発表
2016年8月	小池知事、築地・豊洲市場視察。「移転はいったん立ち止まって考える」（16日） 　豊洲移転の延期を決定。市場問題プロジェクトチーム（座長・元環境省地球環境審議官の小島敏郎・現青山学院大教授）の立ち上げを発表（31日）
2016年9月	盛り土がされていなかったと小池知事が臨時記者会見（10日） 　市場問題プロジェクトチーム第1回会議（29日）
2016年10月	市場問題プロジェクトチーム第2回会議（25日）
2016年11月	市場問題プロジェクトチームによる築地市場内事業者へのヒアリング（15日） 　小池都知事、豊洲問題で中西充副知事ら市場の歴代幹部計18人を減給の懲戒処分とすると発表（25日）。減給は

	かになる
2007年3月	日本環境学会による現地視察で基準の1万倍の地下水汚染が発覚
2007年4月	石原慎太郎、都知事3選
2007年10月	豊洲汚染対策専門家会議第4回会議でベンゼン汚染が基準の1万倍と報告
2008年5月	専門家会議第6回会議でベンゼン土壌汚染4万3千倍、地下水汚染1万倍、シアン土壌汚染860倍などと報告。土壌汚染対策（盛り土）を提言 　土壌汚染対策に858億円が必要になる
2009年1月	技術者会議汚染処理対策発表。汚染対策費を586億円に圧縮 　猛毒の発がん物質ベンゾ（ａ）ピレンの高濃度汚染が発覚 　都が地下水汚染が拡散しない根拠としてきた「不透水層」にその存在を確認できない箇所発覚 　豊洲の地下に「不透水層」を貫徹する杭1万8千本の存在発覚
2009年2月	総工費4316億円（建設費990億円、土壌汚染対策費586億円、用地取得費2370億円、その他関連工事費370億円）と発表
2009年9月	民主党政権、安全を確認できない限り移転を許可しないと明言
2010年1月	汚染処理費用は東京ガスではなく東京都だけで負担することが発覚
2010年2月	豊洲新市場の整備手法がＰＦＩから直営に変更 　反対派の市場関係者らでつくる「21世紀プロジェクトチーム」が現在地再整備の代案を発表
2010年7月	豊洲の盛り土に汚染発覚。汚染土壌の搬入、検査の手抜き、地下水による土壌再汚染の疑い
2010年10月	石原都知事、移転強行を宣言

2. 築地市場の豊洲移転問題年表

1986年1月	鈴木都政、築地再整備を都議会で決定
1988年11月	築地市場再整備基本計画を策定
1991年2月	着工。工期12年の計画。400億円をかけ立体駐車場などを整備
1993年5月	築地市場再整備起工祝賀会。鈴木都知事も列席
1995年11月	青島都政、財政逼迫を理由に再整備計画の見直しに言及
1996年1月	工事中断（事業費の増大や工期の長期化が理由）
1998年12月	東京魚市場卸協同組合（東卸）の全組合員投票で築地の再整備賛成を決定
1999年4月	石原慎太郎、都知事就任 東卸の理事長選挙で、再整備派が敗れ、移転派の理事長が誕生
1999年9月	石原都知事、築地視察「古い、狭い、危ないなあ」
1999年11月	浜渦武生副知事（石原氏の腹心）が「豊洲先端部の売買について、地権者の東京ガスと交渉を始めています」
2001年1月	東京ガスが豊洲の土壌汚染の調査結果を公表（2001年2月～2007年7月、都条例に従い東京ガスが土壌汚染対策に取り組む）
2001年7月	都と東京ガスが基本合意に至る
2001年12月	豊洲移転を都が正式決定
2003 年2月	土壌汚染対策法が施行されたが、豊洲への適用が除外されていることが発覚
2003年4月	石原慎太郎、都知事再選
2006年2月	「築地市場移転に断固反対する会」が反対の旗を降ろす
2006年12月	「豊洲新市場整備等事業実施方針」「豊洲新市場整備等事業業務要求水準書（案）」公表。豊洲市場をＰＦＩ[プライベイト・ファイナンス・イニシアチヴ――公共施設等の建設、維持管理、運営等を民間の資金、経営能力及び技術的能力を活用して行う新しい手法]で経営することが明ら

2012年4月	石原都知事、訪問先の米ワシントンのシンクタンク、ヘリテージ財団主催の講演で「都が尖閣諸島を買う」と表明（16日）
2012年9月	都水道局が発注した震災用備蓄倉庫の建設工事をめぐり、入札情報を教えた見返りに業者から接待を受けたとして、交通局係長の大機基宏を逮捕（3日） 都の監理団体である都住宅供給公社（JKK）の発注工事で、誤って公園遊具を撤去した建設会社の子会社の指名停止期間を軽減する見返りに100万円を受け取ったとして公社住宅計画部長の富永勝郎を収賄容疑で逮捕（10日）
2012年10月	石原都知事辞職
2012年12月	猪瀬直樹が都知事初当選
2013年6月	都議選で自公が完勝して過半数を奪還
2013年11月	猪瀬都知事が2012年の知事選の際、医療法人徳洲会グループから5000万円の資金提供を受けていた問題が発覚
2013年12月	猪瀬都知事辞職（24日）
2014年2月	舛添要一が都知事初当選
2014年3月	東京地検特捜部が猪瀬前知事を公職選挙法違反の罪で略式起訴（28日）
2014年9月	都水道局のＯＢ職員が局発注工事の最低制限価格を業者に漏らした容疑で逮捕（18日）
2016年5月	舛添都知事の政治資金使途の公私混同問題が『週刊文春』等のメディアによって多数報道
2016年6月	舛添都知事辞職（21日）
2016年7月	小池百合子が都知事初当選

猪瀬直樹

舛添要一

小池百合子

	して学校の警戒にあたっていた最中に、石原都知事が「あれは大人の文章」「（自殺を）やるなら、さっさとやれ」と発言（10日） 　また、石原都知事の四男の画家がトーキョーワンダーサイト事業に関わって、海外の会議に都代表として出席したり、公費で海外出張していたことが発覚（22日）。石原都知事は「余人をもって代えがたかったら、どんな人間でも使う」と反論（24日）
2007年4月	石原慎太郎が都知事3選
2007年6月	新銀行東京、開業2年目で849億円の累積損失を出し、資本金の7割を毀損したと報道される 　28日、猪瀬直樹氏が副知事就任
2007年10月	猪瀬副知事の私設秘書が副知事ブリーフィングに同席して守秘義務が守られていない問題が取り沙汰される
2008年2月	石原都知事、新銀行東京への追加出資を表明。「発案した者として、もろもろの責任を痛感している。不退転の決意で、この銀行を必ず再建させる」
2008年3月	新銀行東京への都税400億円の追加投資可決。累積損失は3月末で1016億円。石原都知事は「設立理念は正しかったが、経営がまずかった」
2009年7月	都議選で民主党が第1党に躍進（54議席）
2009年10月	2016年オリンピック招致に落選。招致経費約200億円が水泡に
2011年3月	石原都知事「津波は天罰」発言。「津波をうまく利用して我欲を洗い落とす必要があるね。これはやっぱり天罰だと思う」（14日）
2011年4月	石原慎太郎が都知事4選
2011年7月	東京都議会議員、樺山卓司が東京都葛飾区鎌倉の自宅２階書斎にてビニール袋をかぶり窒息自殺（1日）

	ている」（9日）
2001年7月	都議選で自民党が53議席を獲得して圧勝
2001年8月	都教委、都立の病弱養護学校の中学社会科教科書に「新しい歴史教科書をつくる会」主導の教科書（扶桑社）を採択（7日）
2001年10月	石原都知事「ババア」発言。「“文明がもたらしたもっとも悪しき有害なものはババア”なんだそうだ。“女性が生殖能力を失っても生きてるってのは、無駄で罪”ですって」
2001年11月	三宅島復興工事にからむ汚職で、都建設局河川部計画課緊急砂防計画担当係主任、原進を収賄容疑で逮捕
2003年4月	石原慎太郎が都知事再選
2003年5月	石原都知事、公約していた新銀行の設立構想を発表（23日）
2003年12月	都議会で新銀行について「税の再投入はあり得ない」と石原都知事が答弁
2004年4月	BNPパリバ信託銀行を22億8800万円で買収し㈱新銀行東京が発足（1日）。開業は1年後の2005年4月1日
2005年1月	石原都知事「北朝鮮ミサイル1発日本に落ちたらいい」発言。『週刊ポスト』2005年1月14日・21日合併号で
2005年3月	社会福祉総合学院への補助金が正当かをめぐるいわゆる社会福祉事業団問題で都議会が35年ぶりに百条委員会を設置。浜渦武生副知事の答弁がきっかけ。その後、浜渦副知事の百条委員会での証言が偽証と認定され、浜渦副知事は辞職（7月）
2005年7月	都議選で民主党が35議席で第2党に躍進
2006年4月	下水道局収賄汚職事件。下水道局発注工事の入札で便宜を図った見返りに現金を受け取った容疑で同局南部建設事務所主事の西原純平を逮捕
2006年7月	浜渦武生前副知事、参与に「復活」
2006年11月	いじめを苦にした自殺予告事件で、豊島区が警視庁と協力

	鈴木俊一が都知事4選
1995年4月	青島幸男が都知事初当選
1995年5月	青島知事、世界都市博覧会の中止を最終決断（31日）。都議会は同月16日に開催決議案を可決していたが、青島都知事は公約を優先させた形  青島幸男
1996年2月	都監査事務局が会議費の不正な経理により裏金をつくっていたことが発覚。これを受けて青島都知事は23日、官官接待の廃止を指示。この問題はその後さらに拡大し、同年11月に発表された調査結果では、1993-95年度に重大な不適正処理をされた会議費の総額は7億1700万円となった。知事、副知事、出納長ほか計357名の一般職等（管理職）が処分
1996年4月	臨海副都心の開発中止か継続かをめぐり議論白熱
1996年7月	青島都知事、臨海副都心開発推進の基本方針を決定
1998年2月	都教育庁施設部営繕課課長補佐の村田修弘が都立高校の外壁改修工事の発注に絡む収賄容疑で逮捕
1999年4月	石原慎太郎が都知事初当選
1999年9月	石原都知事「ああいう人ってのは人格あるのかね」発言。東京都府中市の重度身体障がい者施設「府中療育センター」を視察した直後の記者会見で（17日）  石原慎太郎
2000年4月	地方分権一括法施行により都区制度改革。特別区は東京の基礎的自治体に。都は広域自治体に移行。清掃事業などが区に移管
2000年9月	石原都知事「三国人」発言。陸上自衛隊練馬駐屯地での創隊記念式典での演説で「今日の東京を見ますと、不法入国した多くの三国人、外国人が非常に凶悪な犯罪を繰り返し

	平石良治が、都税の滞納により生じた延滞金を減額する代償として港区内の法人から現金29万円を受け取った容疑で逮捕  鈴木俊一
1980年6月	都交通局の職員、松谷郁夫がサラ金への返済に追われて千葉県松戸市の信用金庫に強盗に入り1000万円を奪ったが逮捕
1980年10月	中央都税事務所主事と新宿都税事務所主事が、都税の過少申告に便宜を図った収賄事件で逮捕。収賄額はそれぞれ770万円と102万円
1981年9月	都下水道局汚職事件。都下水道局第2建設事務所長、丸山達夫が入札指名受注にまつわる収賄容疑で逮捕（17日）。収賄額70万円。14年ぶりの部長級汚職
1981年10月	都衛生局監察医務院主事、朝倉真が昭和49年（1974）から55年（1980）までに自分のポストを利用して医療機関から数百万円を収賄した容疑で逮捕（27日）
1981年11月	元都下水道局建設部管理課主査、秋山馨が水道業者から工事による損害補償額の調査をめぐり、現金数十万円を受け取った容疑で逮捕（3日）
1982年1月	港湾局港営部主査が工事の受注、設計変更で便宜をはかった収賄事件が発覚。収賄額28万円
1983年4月	鈴木俊一が都知事再選
1985年2月	都立工業技術センター主任研究員が、国の審議会文書を競争会社へ渡した収賄事件が発覚。収賄額820万円
1986年4月	都住宅局工事部係長が工事監督で業者に便宜をはかった収賄事件が発覚。収賄額68万円
1987年4月	鈴木俊一が都知事3選
1988年6月	都下水道局職員、草原武則主事の過去の収賄汚職が発覚し逮捕（6日）
1991年4月	新宿都庁舎へ移転

	かった年は、昭和29年（1954）の10件（28人）で、事故者数では昭和39年（1964）の49人が最も多い。汚職事件は、設計、監督、検査部門を統括する工事関係が94人と多く発生し、続いて税金関係（41人）、斡旋（36人）となる」とある
1971年4月	美濃部亮吉が都知事再選
1972年9月	都議会議長の交際費不正支出が発覚し、春日井秀雄議長、竜年光副議長、三木定議会局長の3名が譴責辞任
1973年2月	都港湾局埋め立て事業汚職事件。都港湾局参事、和田賢八郎が、同局埋立事業部工事第1課長当時の昭和41年（1966）から44年（1969）にかけて、同課の所掌する埋め立て工事に関し、建設業者などから飲食、金品などの供応を受け、さらに同課転出後に残土処理業者などから3回にわたり合計87万円の現金を収受した。また、当時の同課係長クラス職員数名は、和田とともに業者から飲食、金品などの供応を受けていたが、特に当時同課工事第2係長、加藤鋼治が業者から現金5万円等の収受をしていたもの。懲戒免職2名を含む、合計11名が処分
1975年4月	美濃部亮吉が都知事３選
1975年10月	都公害研究所汚職事件。都公害研究所の大気部が業者から収賄して特定の機器を購入していたことが発覚
1977年2月	都清掃局でゴミ埋め立てをめぐる収賄事件が発覚（2日）。収賄額152万円。2人が逮捕。清掃局の同種の収賄事件はこの年5件目。また同月、住宅局改良部主査（収賄額2900万円）、特定失対事業事務所主事（同56万円）、江東清掃工場係長（同36万円）の汚職事件が発覚
1979年4月	鈴木俊一が都知事初当選
1979年8月	港都税事務所収賄汚職事件。港都税事務所整理第2係長、

1964年5月	都住宅局員による都営住宅の不正入居に絡む汚職事件 尚、この東京オリンピックの年の1年ほど前から、首都整備局の「建築Gメン事件」、建設局の「五輪道路事件」、道路建設本部の「橋梁事件」と呼ばれた一連の建築関係の事件が起きている
1965年3月	第2次都議会議長選挙等をめぐる汚職事件。選ばれた小川貞雄都議会議長をはじめ自民党都議15名が逮捕 同時期に、食肉移動販売車の運行認可をめぐる恐喝未遂事件、江東区のボーリング場建築許可をめぐる贈収賄事件でも自民党都議が1人ずつ逮捕
1965年7月	出直し都議選。社会党が第1党に躍り出る
1967年4月	美濃部亮吉が都知事初当選 革新都政の誕生
1968年2月	財務局の一係長が電機工事をめぐって数十万円を収賄したことが発覚。美濃部都政発足後もこの種の贈収賄、または横領の汚職事件は後を絶たず、発覚したものだけでもこの時点で10件近くに及ぶ  美濃部亮吉
1968年5月	一連の不祥事件に対し、懲戒免職8名、論旨退職2名、停職14名、減給11名、戒告7名、訓告29名、口頭注意5名の厳しい行政処分が下る
1970年5月	都下水道局建設部設計第1課長、松岡正次が、出入り業者から収賄した容疑で逮捕。その後起訴された。さらにその後、同設計第1課長、富樫昭一も起訴。二人は7月28日付けで懲戒免職
1971年4月	前年11月から始まった美濃部都知事の諮問機関「汚職都民懇」の答申結果が総務局から発表された。それによると、「汚職事件は安井都政時代の昭和27年（1952）に発生し、昭和44年（1969）までに72件（285人）の処分者を出し、このうち127人が懲戒処分を受けている。一番多

	（塚田博康『東京都の肖像――歴代知事は何を残したか』都政新報社、2002、pp.85―86）
1958年12月	都建設局業務部宅地課で、都営住宅用地納入業者の会社から2名の宅地課員が収賄容疑で逮捕（1960年1月実刑確定）
1959年4月	東龍太郎（りょうたろう）が都知事初当選
1959年9月	都交通局汚職。東京都交通局工務部管理課長、牧野小一郎が東京都葛飾区、国鉄金町駅にて鉄道自殺（19日）。同課では去る8月15日夜、管理係長の葛飾区亀有2の930瀬戸助雄氏（53歳）が汚職の責任から自殺したばかりだった。この一連の都交通局汚職事件では、元部長、現役課長を含めて5人が検挙され、現役の課長、係長が2人自殺  東龍太郎
1960年5月	汚職事件で保釈中の前東京都建設局住宅建設部工事第二課長、佐藤七五郎が東京都豊島区池袋5-199の自宅にて肉切り包丁で首を切り自殺
1963年4月	第１次東京都議会汚職事件。都議会議員建部順（前都議会議長）ら44名を逐次検挙（内9名起訴）。八王子長房の都営住宅用地買収に関わる贈収賄・公金横領他。5月24日、建部順逮捕。東京地検は7月20日、捜査を終結し、半年にわたった捜査内容を発表、起訴は全部で14人、不起訴は都議会議員16人を含む26人、取り調べた関係者は1000人以上にのぼったとされた。地検関係者は「東京都は正に伏魔殿だ。引き続き監視する」と感想を述べていた。 　東京都知事選挙に絡む偽造証紙事件。当時、選挙の際には各候補のポスターの枚数を制限するために、都選挙管理委員会が枚数分の証紙を支給していたが、4月に再選を果たした東龍太郎の陣営が、この証紙を１万数千枚偽造して、ポスターを水増しして貼っていたことが判明した事件

	言われている。その七不思議とは以下である（引用）。 （1）東京駅八重洲口の外濠を埋め立てて駅前広場を造成するはずが、なぜかデパートなどの入る鉄道会館や国際観光会館が建った。このため、当初計画外だった約500世帯が新たに立ち退きになった （2）江東区の竪川橋の改修工事をめぐる談合に有力都議の関係建設会社がからんでいた （3）東京都庁大手町分庁舎跡地5765平方メートルが約7000万円で払い下げられ、そこに建ったビルの一部を都が借りて、1954年に都立産業会館をつくった。その賃借料として年間約7000万円を払っていた（都立産業会館は1980年に老朽化で閉鎖された。会館の後身は現在、「都立産業貿易センター」として浜松町駅近くの港区海岸にある） （4）世田谷区砧の東京都市計画緑地が、民間会社のゴルフ場に賃貸された（現在は世田谷区美術館などのある公園になっている） （5）千駄ヶ谷駅前の東京都体育館は完成早々から雨漏りし、補修費が、都議会の承認を得る前に支出された （6）1951年に有楽町と銀座の間の外濠を埋め立てて、二階建ての建物の上部に自動車専用道路をつくり、建物にはショッピングや飲食の店を入れる「東京高速道路会社」ができた。はじめは事業者が埋め立てをやるということで公有水面占有を申請したのが、いつのまにか都自身の費用で埋め立てを行う公有水面埋め立てに変わった （7）焼け跡の残土で埋め立てた三十間堀の三原橋下を東京都観光協会（会長＝安井都知事）に使用許可したが、実際には別会社が映画館やパチンコ屋を経営し、観光協会は都への使用料と別会社からの賃貸料との差額を手に入れた

1954年9月	三十間堀、八重洲口駅前広場等に続き、神田川入濠の埋め立てをめぐって営利会社に緩く、地元住民に厳しい都建設局の方針に反対運動が激化し、都議会でも追及
1954年10月	荒木由太郎都議が『目黒区民新聞社』社長・橋本勝氏を拉致し暴行を加えたとして告訴される（9日）。1955年1月11日、逮捕
1955年4月	安井誠一郎が都知事3選
1955年5月	都結核療養所「生浜荘」不正入札事件。東京都庁住宅内部総務局勤労部福利課長代理、渡辺武綱が渋谷区外輪町1738山手線外回り電車に飛び込み自殺（6日）。翌7日、都結核療養所生浜荘の不正入札事件で、自殺した渡辺武綱の上司である勤労部長の渡辺正蔵が逮捕される。さらに12日、掛飛寛朗・都健康保険組合前理事長が逮捕。この取り調べの過程で、この年1月施工の都共済組合「湯河原荘」の改修工事をめぐり建設業者3者を逮捕。この共済組合関係の3社の追及により、都建設局、建築局、水道局、管財局へと捜査は飛び火し、7月下旬までの3ヶ月で、部長級3名、課長7名など18名の職員と土建業者18名を含む50名以上が逮捕された。捜査の最終段階では、建設局長、建築局長、前建設局長、前水道局長の任意出頭まで求められた。上層部には波及しなかったものの、役人と業者が結託し、入札制度や許認可の裏をかいて不正な利益を得ていた容疑で、明らかに構造汚職の摘発であった。 　この間、6月5日に、4月に3選を果たした安井誠一郎知事が空前の人事異動と組織改編を発表。汚職の自浄対策のようにみせかけ、実際は、上層部へ捜査の手が及ぶのを事前に防いだものとして批判された。安井知事が摘発を阻止したのは、4月の都知事選直前に革新系都政専門紙の『都政新報』が出したパンフレット『東京の七不思議――裏から見た都政』で取り沙汰された安井都政の暗部であろうと

1．「汚職」と「無責任」の都政腐敗年表

1943年7月	東京都政施行
1946年9月	東京都政改正
1947年4月	安井誠一郎が最初の公選により東京都長官に選出
1947年5月	地方自治法施行に従い、安井誠一郎が最初の東京都知事に就任  安井誠一郎
1950年6月	都建築局不正事件。都建築局主事・一色璣が出入りの土建業者からセメントその他の資材を不正横流しし、その代金433万円を不正流用したことに端を発した一連の事件。建築局長・石井桂ら３名が告発され、一色は逮捕（7月）
1950年7月	都交通局不正事件。都建築局の油購入に絡む1000万円不正事件。石川・自動車課長、安藤・燃料係長ら３名が懲戒免職（8月）
1951年2月	中央区の三十間堀埋め立て不正問題。都建設局第一建設事務所長・山本高司が不正に関与したのではと取りざたされたがこのときは不問に
1951年4月	安井誠一郎が都知事再選
	当選した安井誠一郎に選挙期間中、ポスター違反があったと指摘された
1953年2月	東京温泉贈収賄問題。都総務局長・金原進が東京温泉株式会社から数百万円を収賄したとされる問題。不起訴 また、この頃から大手町の都立産業会館の建築費にまつわる不明朗な報告が都議会で追及される
1953年11月	長年にわたる一連の不正が発覚し、都建設局第一建設事務所長・山本高司が辞職
1954年4月	地下鉄汚職事件。高橋清次都議が逮捕（13日）

［付録］

都政腐敗史年表

本付録は、編集部で作成した。作成に際しては、『都政新報』をはじめ、各種新聞（一般紙、業界紙）、雑誌（週刊誌、月刊誌）、ネット記事等の資料を参照しました。

◉著者について
森田 実（もりた みのる）
1932年（昭和7）静岡県伊東市生まれ。政治評論家。山東大学名誉教授。東日本国際大学客員教授。相洋高校卒業。東京大学工学部卒業。日本評論社出版部長、『経済セミナー』編集長などを経て、1973年に政治評論家として独立。著作・論文を著す一方、テレビ・ラジオ・講演などで評論活動に従事。著書に『独立国日本のために』（KKベストセラーズ）、『防災・減災に資する国土強靭化政策が日本を救う！』（武久出版）、『森田実の言わねばならぬ名言123選』（第三文明社）、『「橋下徹」ニヒリズムの研究』（東洋経済新報社）ほか多数。

斎藤貴男（さいとう たかお）
1958年（昭和33）東京都生まれ。ジャーナリスト。早稲田大学商学部卒業、英国バーミンガム大学大学院修了（国際MA）。新聞記者・週刊誌記者などを経て独立。著書に『機会不平等』（岩波現代文庫）、『失われたもの』（みすず書房）、『東京を弄んだ男──「空疎な小皇帝」石原慎太郎』（講談社文庫）、『戦争のできる国へ──安倍政権の正体』（朝日新書）、『「東京電力」研究──排除の系譜』（角川文庫、第3回「いける本大賞」受賞）ほか多数。

誰《だれ》も語《かた》らなかった
首都腐敗史《しゅとふはいし》

東京《とうきょう》のデタラメは日本《にっぽん》の諸悪《しょあく》の根源《こんげん》

●著者
森田《もりた》 実《みのる》
斎藤貴男《さいとうたかお》

●発行日
初版第1刷 2017年2月25日

●発行者
田中亮介

●発行所
株式会社 成甲書房

郵便番号101-0051
東京都千代田区神田神保町1-42
振替00160-9-85784
電話03(3295)1687
E-MAIL mail@seikoshobo.co.jp
URL http://www.seikoshobo.co.jp

●印刷・製本
株式会社 シナノ

Printed in Japan, 2017
ISBN978-4-88086-352-8